AF294951

Was ist das Schwerste von allem?
Was dir das Leichteste dünket:
Mit den Augen zu sehn,
was vor den Augen dir liegt.

(Goethe)

Franz Haverkamp

Analysen – Symbole

Inspirationen im Tagebuch eines Aufsässigen

5804–6011

Unbewusst im Dialog mit dem Unbewussten und der Geistigen Welt

Bibliografische Information der Deutschen Nationalbibliothek

Die Deutsche Nationalbibliothek verzeichnet diese Publikation in der Deutschen Nationalbibliografie; detaillierte bibliografische Daten sind im Internet über http://dnb.dnb.de abrufbar.

Verlag: BoD · Books on Demand GmbH, Überseering 33, 22297 Hamburg, bod@bod.de

Druck: Libri Plureos GmbH, Friedensallee 273, 22763 Hamburg

ISBN: 978-3-8192-3765-2

Für

meine Kinder und alle,
die auf der Suche sind nach dem Sinn
ihres Lebens

In

Liebe zu Gott und seiner Schöpfung
und mit Dank an alle, die an der
Entstehung und Bearbeitung
der vorliegenden Texte
beteiligt waren

Inhalt

Vorwort

Berichte über geistige Welten und ihre Verbindungen zu uns gibt es seit Jahrtausenden. Doch die Beschäftigung mit ihnen fällt dem wissenschaftsgläubigen Menschen in der heutigen Zeit sehr schwer. Aufgrund moderner Forschungsergebnisse glaubt er, die Existenz eines materieunabhängigen Geistes anzweifeln bzw. negieren zu dürfen, obwohl das Wissen um das Wesen der Materie mit ihren inneren und äußeren Grenzbereichen sowie die Kenntnis der Psyche einschließlich des Unbewussten noch fehlen. Damit wird die allgegenwärtige Kommunikation der Geistigen Welt mit uns bzw. mit unserem Unbewussten außer Acht gelassen, und als Folge davon wird auch nicht hinterfragt, aus welchen geistigen Bereichen unsere Gedanken und unsere daraus resultierenden Entscheidungen kommen.

Wie nachteilig diese Entwicklung für uns Menschen ist, wird in der Buchreihe „Analysen – Symbole, Inspirationen im Tagebuch eines Aufsässigen" dargestellt. Über Inspirationen, die ich von 1957 bis 1966 empfing, aber als solche nicht erkannte, wird

- das Wesen der Inspiration erklärt und damit auf die Existenz von geistigen Welten einschließlich der möglichen Verbindung zu ihnen hingewiesen
- die Anwendung der Traumsymbolsprache, die mir damals noch völlig fremd war, demonstriert
- auf die verhängnisvollen Auswirkungen des Materialismus aufmerksam gemacht
- und im Rahmen einer Psychoanalyse mein eigenes Fehlverhalten und ein solches in unserer Gesellschaft aufgezeigt.
- Schließlich werden sehr wichtige Fragen im Zusammenhang mit unserem Dasein, unserem Zusammenleben und mit dem Ausleben unserer Sexualität diskutiert
- und aus den Texten geht auch hervor, dass unsere Hinwendung zum Himmel, vor allem in Zeiten seelischer Not, nicht unbeantwortet bleibt.

Zum Zeitpunkt der hier vorliegenden Tagebucheintragungen hatte ich infolge meiner damaligen Wissenschaftsgläubigkeit meinen Glauben an Gott und an die Existenz einer geistigen Welt weitgehend verloren. Ich empfand mich nur noch als ein reagierendes Wesen, das seinem Tod und der damit verbundenen Auflösung seiner Existenz entgegenlebte. Dieses bedrückte mich sehr.

Gedanken, die auf Reaktionsabläufen im Gehirn beruhten, mochte ich nicht. Dennoch verspürte ich ein starkes Drängen in mir, zu schreiben. Ich kaufte mir ein Tagebuch. Wenn ich dann nach dem üblichen Eintrag von alltäglichen Geschehnissen mich schriftlich mit einem Problem auseinandersetzen wollte, wusste ich wegen meiner negativen Einstellung der Gedankentätigkeit gegenüber meist nicht, wie ich beginnen sollte. Ich war bereit, Worte zusammenhanglos aneinanderzufügen, um ein reflexhaftes Denken zu durchbrechen und dadurch zu neuen Vorstellungsinhalten zu kommen. Meist saß ich eine Zeit lang gedankenlos vor meinem Tagebuch und wartete auf einen Einfall, der sich dann auch bald einstellte, und zwar mit einem anschließenden Wortfluss, der eine gewisse Zeit andauerte und dann plötzlich wieder abbrach. Wort für Wort dieses Wortflusses schrieb ich ins Tagebuch, ohne zu verstehen, was ich schrieb. Es war oft chaotisch und ähnelte einer schizophrenen Ausdrucksweise. Aber hinterher war ich erleichtert und hatte ein deutliches Gefühl der Zufriedenheit. 1966, mit meinem Eintritt ins Berufsleben, beendete ich meine Tagebucheintragungen. Die Tagebücher bewahrte ich sorgfältig auf. In den 1990er Jahren dachte ich wiederholt daran, sie zu verbrennen, um nach meinem Tod bei meinen

Kindern kein schlechtes bzw. falsches Bild von ihrem Vater zu hinterlassen.

Etwa 40 Jahre später, zu Beginn meines Ruhestandes, fiel mir bei einer Durchsicht der Tagebücher auf, dass die Texte stellenweise einen Dialogcharakter besaßen. Ich wurde neugierig und fand bei der Übertragung der Texte in den Computer schließlich heraus, dass es sich bei ihnen zumeist um verschlüsselte Dialoge mit meinem Unbewussten und mit der Geistigen Welt handelte, wobei ich, und zwar in der Zeit von 1957 bis 1966, ohne dass ich mir dessen bewusst war, als Schreibmedium, als eine lebendige Schreibmaschine fungierte. Die mir übermittelten Texte waren verschlüsselt, und zwar mit Hilfe von

- Traumsymbolen (die ich damals noch nicht kannte)
- Synonymen
- mir oft nicht geläufigen Wortbedeutungen
- Redewendungen bzw. Redensarten
- Wortumstellungen im Satz und Satzfragmenten
- stichwortartigen Hinweisen und
- vereinzelten Wortneuschöpfungen.

Die für die Entschlüsselung der Tagebuchtexte notwendigen Traumsymbole fand ich zumeist in einem Traumlexikon, das zum Zeitpunkt der Tagebucheintragungen noch gar nicht existierte. Ich selbst beschäftigte mich mit der Traumsymbolsprache nach meiner Erinnerung erst 20 bis 30 Jahre später. Die in den Text passenden Synonyme stammen überwiegend aus dem Synonym-Wörterbuch des Duden. Nicht selten musste ich aber ihretwegen im Internet recherchieren. Bezüglich der mir nicht geläufigen Wortbedeutungen wurde ich zumeist im Wörterbuch der deutschen Sprache von Bertelsmann (Wö. d. dt. Spr. v. Be.) fündig. Letzteres wurde erst 2004 gedruckt.

Zu erwähnen ist noch, dass von der mit mir kommunizierenden Geistigen Welt mein Umgang mit den Tagebuchtexten, der zeitliche Ablauf ihrer Identifizierung, die Schwierigkeit ihrer Interpretation und ihre anschließende Veröffentlichung vorausgesagt wurden. Dieses und viele andere in den Texten gemachte und eingetroffene zeitliche Vorhersagen

- beweisen in Verbindung mit den oben angeführten Fakten unwiderlegbar die Existenz eines materieunabhängigen Geistes.

Die in den Tagebüchern von mir selbst – bewusst oder unbewusst – vorgebrachte Kritik ist sehr oft ungerechtfertigt. Sie erinnert an das Verhalten eines kleinen Kindes, das aufgrund seiner Unwissenheit noch ungezogen und aufsässig ist und seiner Umgebung manch einen körperlichen und seelischen Schmerz zugefügt. Ich bitte deswegen meine Leser um Nachsicht bei der Lektüre, zumal die hier vorliegenden Texte, die meinerseits nicht für eine Veröffentlichung bestimmt waren, sozusagen unverändert aus meinen Tagebüchern übertragen wurden.

Die im Buch vorliegenden Tagebuchtexte werden an erster Stelle, abgesehen von geringfügigen Korrekturen, im Original wiedergegeben. An zweiter Stelle folgt ihre Differenzierung bzw. Aufgliederung und an dritter Stelle ihre Deutung. Bei der Aufgliederung wird unterschieden zwischen meinen wachbewussten Äußerungen und solchen meines Unbewussten und der Geistigen Welt. Die Texte wurden von mir viele Male überarbeitet. Trotzdem ist es möglich, dass einzelne Textstellen von mir noch nicht richtig verstanden bzw. gedeutet wurden und einer späteren Korrektur bedürfen.

Abschließend bedanke ich mich bei allen, die mir bei der Bearbeitung und Veröffentlichung meiner Tagebücher geholfen haben.

<u>Anmerkung</u>: Der Autorenname „Franz Haverkamp" ist ein Pseudonym. Er wurde gewählt wegen seiner symbolischen Beziehung zu bestimmten Textstellen im Tagebuch.

Tagebuchtexte
vom 25.4.1958 bis 11./12.11.1960
original, bearbeitet und gedeutet

<u>25. April 1958</u>

Leer des Menschen unendliches Warten,
Verzweiflung und schleichender Tod.
Neues Leben füllt wieder die Lücken,
Leidenschaften und Gier wie einst.
Hier das Leben, dort der Geist.
Tausend Qualen im sprießenden Grün,
mild sind die Nächte, nah ist das Bild
Leben – Geist.

Wie schön wird die Seele sein der Welt, wenn einst nach langem, schier endlosem Ringen die Menschen das Glück des friedlichen Denkens erleben werden, wenn sie die Plagen der Kriege, den Hass und die Selbstsucht als Geschichtszahlen vergessen werden, wenn sie im uneigennützigen Mitleben den Grundstein zum Menschentum legen. Sie werden die Kausalität des Alltags vergessen und keine Sklaven der Notwendigkeit mehr sein. Ihr Denken wird der Baustein eines konstruktiven Lebens sein, und als Herren ihrer Gefühle wird ihnen das höchste Glück des Erlebens zuteil.

<u>Aufgliederung des Textes</u>

Leer des Menschen unendliches Warten,
Verzweiflung und schleichender Tod.

Neues Leben füllt wieder die Lücken!

Leidenschaften und Gier wie einst.

Hier das Leben, dort der Geist!

Tausend Qualen im sprießenden Grün.

**Mild sind die Nächte, nah ist das Bild:
Leben – Geist!**

Wie schön wird die Seele sein der Welt, wenn einst nach langem, schier endlosem Ringen die Menschen das Glück des friedlichen Denkens erleben werden, wenn sie die Plagen der Kriege, den Hass und die Selbstsucht als Geschichtszahlen vergessen werden, wenn sie im uneigennützigen Miteinander den Grundstein zum Menschentum legen. Sie werden die Kausalität des Alltags vergessen und keine Sklaven der Notwendigkeit mehr sein. Ihr Denken wird der Baustein eines konstruktiven Lebens sein, und als Herren ihrer Gefühle wird ihnen das höchste Glück des Erlebens zuteil.

<u>Deutung</u>

> Tagebucheintrag wohl überwiegend inspiriert. Eine Stimme von einer höheren geistigen Ebene kommentiert meine negativen Darstellungen.

Leer des Menschen unendliches Warten, Verzweiflung und schleichender Tod.

> Nämlich in unserem irdischen Dasein.

Neues Leben füllt wieder die Lücken!

Leidenschaften und Gier wie einst.

Hier das Leben, dort der Geist!

> Also unabhängig voneinander. — Im Wörterbuch der deutschen Sprache von Bertelsmann (Wö. d. dt. Spr. v. Be.) Be. wird „Leben" an erster Stelle definiert als „Daseinsform von Menschen, Tieren und Pflanzen". — Im gleichen Wörterbuch hat „Geist" an erster Stelle die Bedeutung von „Bewusstsein (des Menschen), Denkkraft, Verstand".

Tausend Qualen im sprießenden Grün.

> Nämlich in der Natur. – „Grün ist im Traum wie in der Wirklichkeit die Farbe des frischen, neuen naturhaften Lebens. Es zeigt ein Werden an, noch keine Reife. Grün kann also auch die Bedeutung von unreif haben." (Günter Harnisch)

Mild sind die Nächte, nah ist das Bild: Leben – Geist!

> Nämlich einerseits das körperliche Leben und andererseits das Traumerleben als eine Erfahrung eines geistigen Lebens.

Wie schön wird die Seele sein der Welt, wenn einst nach langem, schier endlosem Ringen die Menschen das Glück des friedlichen Denkens erleben werden, wenn sie die Plagen der Kriege, den Hass und die Selbstsucht als Geschichtszahlen vergessen werden, wenn sie im uneigennützigen Miteinander den Grundstein zum Menschentum legen. Sie werden die Kausalität des Alltags vergessen und keine Sklaven der Notwendigkeit mehr sein. Ihr Denken wird der Baustein eines konstruktiven Lebens sein, und als Herren ihrer Gefühle wird ihnen das höchste Glück des Erlebens zuteil.

<u>3. Mai 1958</u>

Es mag seltsam klingen, wenn ich sage, dass die letzte Zeit mich sehr eitel sieht. Lange ist es noch nicht her, wo ich überaus leidenschaftlich den „schönen Jüngling" verdammte – verdammte, sage ich, denn dieses „Protzen" schien mir höchst widerwärtig, schien mir die Werte des Lebens zu ersticken und aus dem Knaben ein Weib zu machen.

Zwei Ursachen sind es, die, wie ich glaube mit Recht sagen zu können, sich einer gewissen Parallelität erfreuen, die mein gegenwärtiges Denken, sofern davon im Augenblick überhaupt die Rede sein kann, maßgeblich beeinflussen: der körperliche Trieb nach Befriedigung und das Verlangen nach Einfluss und Macht. Es äußert sich bei mir in einer sorgfältigen Auswahl von Kleidungsstücken, einer modernen Frisur und kontrolliertem Mienenspiel. Außerdem versuche ich bereits seit einiger Zeit, in Gesprächen allgemein interessierende Fragen anzuschneiden.

In der Schule geht es langsam bergauf, nachdem meine letzte Versetzung nur mit Mühe durchgesetzt werden konnte.

<u>Erläuterung</u>

Es mag seltsam klingen, wenn ich sage, dass die letzte Zeit mich sehr eitel sieht.

> *Entwicklungsbedingt. Damals war ich gerade 22 Jahre alt geworden.*

Lange ist es noch nicht her, wo ich überaus leidenschaftlich den „schönen Jüngling" verdammte – verdammte, sage ich, denn dieses „Protzen" schien mir höchst widerwärtig, schien mir die Werte des Lebens zu ersticken und aus dem Knaben ein Weib zu machen.

> *An diese Zeit habe ich nur noch eine sehr schwache Erinnerung.*

Zwei Ursachen sind es, die, wie ich glaube mit Recht sagen zu können, sich einer gewissen Parallelität erfreuen, die mein gegenwärtiges Denken, sofern davon im Augenblick überhaupt die Rede sein kann, maßgeblich beeinflussen: der körperliche Trieb nach Befriedigung

> *Mit letzterem meinte ich wohl den Sexualtrieb, das Sexualverlangen, obwohl ich damals diesbezüglich noch keine Befriedigung kannte.*

und das Verlangen nach Einfluss und Macht. Es äußert sich bei mir in einer sorgfältigen Auswahl von Kleidungsstücken, einer modernen Frisur und kontrolliertem Mienenspiel.

> Auch daran habe ich nur noch eine schwache Erinnerung.

Außerdem versuche ich bereits seit einiger Zeit, in Gesprächen allgemein interessierende Fragen anzuschneiden.

> Zu werten wohl als Ausdruck meines Hineinwachsens in die Erwachsenenwelt.

In der Schule geht es langsam bergauf,

> In der Schule geht es langsam aufwärts

nachdem meine letzte Versetzung nur mit Mühe durchgesetzt werden konnte.

… und dann brach die Erde zusammen. – In der Nacht, als Menschen und Tiere schliefen, senkte sich der Himmel und berührte mit seinem Licht den irdischen Boden. Bei dieser Berührung zerging das Geformte und wurde Glut – Glut überall und alles fließendes Feuer. Pestilenzialischer Gestank da, wo sie vor Stunden, Minuten, Sekunden lebten – als wäre ihr Wahn zu brennendem Fleisch geworden. Ja, mannigfaltig boten die Menschen dem Tod Einblick in ihre Schwächen: Hier lagen sie zusammen und zeugten dem Tod, dort schlug die Flamme den Säugling von der Brust der Mutter. In wohlgesetzte Reden fiel der Tod und traf die Trunkenen am Biertisch. Pfaffen und Gläubige fielen mit ihren Kirchen wie auch die göttlichen Menschen. Gebet und Spott wurden gegenstandslos mit dem Tod ihrer Beziehungen. Doch siehe da, der Himmel schien sich gerächt zu haben. Er zog sich zurück – ein Bild der höhnischen Verwüstung dalassend, wie es sein musste. Nicht lange währte es, wo auf der Erde wieder neues Leben begann. Junges Leben, zunächst selbstlos, das aber bald durch Alter sein Maß wieder erfüllt hat.

Aufgliederung des Textes und Deutung

> *Tagebucheintrag inspiriert.*

… und dann brach die Erde zusammen. –

> *Im Textzusammenhang wohl bei einem stattgefundenen Atombombenabwurf.*

In der Nacht, als Menschen und Tiere schliefen, senkte sich der Himmel und berührte mit seinem Licht den irdischen Boden. Bei dieser Berührung zerging das Geformte

und wurde Glut – Glut überall und alles fließendes Feuer. Pestilenzialischer Gestank da, wo sie vor Stunden, Minuten, Sekunden lebten – als wäre ihr Wahn zu brennendem Fleisch geworden.

Ja!

Mannigfaltig boten die Menschen dem Tod Einblick in ihre Schwächen: Hier lagen sie zusammen und zeugten dem Tod,

> *Nämlich die Materialisten, denn: „Aber Jesus sprach zu ihm: Folge du mir und lass die Toten ihre Toten begraben!"* (Matthäus 8:22)

dort schlug die Flamme den Säugling von der Brust der Mutter. In wohlgesetzte Reden fiel der Tod und traf die Trunkenen am Biertisch. Pfaffen und Gläubige fielen mit ihren Kirchen wie auch die göttlichen Menschen.

> Synonyme für „göttlich" sind nach dem Duden unter anderem „gottähnlich, göttergleich, gotthaft".

Gebet und Spott wurden gegenstandslos mit dem Tod ihrer Beziehungen. Doch siehe da, der Himmel schien sich gerächt zu haben. Er zog sich zurück –

> Nämlich der oben angeführte Himmel ein Bild der höhnischen Verwüstung dalassend,

> Nach dem Wörterbuch der deutschen Sprache von Bertelsmann (Wö. d. dt. Spr. v. Be.) hat „höhnisch" die Bedeutung von „voller Hohn, böse oder verletzend spottend".

wie es sein musste.

> Nämlich nach dem Gesetz von Ursache und Wirkung oder nach dem Gesetz von Saat und Ernte (unter Berücksichtigung der Möglichkeit einer Sündenvergebung).

Nicht lange währte es, wo auf der Erde wieder neues Leben begann. Junges Leben, zunächst selbstlos,

➢ Nach dem Wö. d. dt. Spr. v. Be. hat
„selbstlos" die Bedeutung von „nicht auf
den eigenen Vorteil bedacht, opferbereit
zum Wohl anderer".

das aber bald durch Alter sein Maß wieder erfüllt
hat.

➢ „Das Maß ist voll" bedeutet nach dem
Wö. d. dt. Spr. v. Be. „die Grenze des
Erträglichen ist erreicht".

<u>17. Mai 1958</u>

Eine Banalität, sage ich, ist es, immer wieder eine neue Definition eines alten Begriffes zu versuchen. Aber dieser Drang gleicht dem Selbsterhaltungstrieb des Menschen und ist aus dem Leben im Allgemeinen nicht herauszudenken. Jedoch da, wo die menschliche Gesellschaft sich schon zu einer sozialen Gemeinschaft auf sittlicher Basis entwickelt hat, ist es durchaus möglich, dass eine Generation hervorragende Denker ihrer Zeit verdammt, darum, weil fest fundierte ethisch-sittliche Werte in Frage gestellt werden. Dies ist solange möglich, als ein allgemeingültiges Maß für den Wert der Geschichte nicht gefunden ist.

<u>Aufgliederung des Textes und Deutung</u>
> *Der fett geschriebene Text ist inspiriert.*

Eine Banalität, sage ich,
> *Im Wörterbuch der deutschen Sprache von Bertelsmann (Wö. d. dt. Spr. v. Be.) hat „Banalität" an erster Stelle die Bedeutung von „Fadheit, Geistlosigkeit". — „sage ich" ist im Textzusammenhang*

sicherlich als Hinweis darauf zu werten,

dass dieser erste Satz von mir stammt.

ist es, immer wieder eine neue Definition eines alten Begriffes zu versuchen.

Aber dieser Drang gleicht dem Selbsterhaltungstrieb des Menschen und ist aus dem Leben im Allgemeinen nicht herauszudenken! Jedoch da, wo die menschliche Gesellschaft sich schon zu einer sozialen Gemeinschaft auf sittlicher Basis entwickelt hat, ist es durchaus möglich, dass eine Generation hervorragende Denker ihrer Zeit verdammt darum, weil fest fundierte ethisch-sittliche Werte in Frage gestellt werden! Dies ist solange möglich, als ein allgemein gültiges Maß für den Wert der Geschichte nicht gefunden ist!

> Im Wö. d. dt. Spr. v. Be. hat „Geschichte" an sechster Stelle die Bedeutung von „Ablauf sowie Gesamtheit dessen, was in der Welt geschehen und schriftlich überliefert ist, Vergangenheit; (im engeren Sinne) die politischen Ereignisse".

<u>3. Juni 1958</u>

Und freudig, ohne zu ahnen,
zog ich am Abend los.
In vielen Wegen und Gassen
und Straßen, mit Menschen gefüllt,
sah ich mein Denken erblassen,
mein Drängen tödlich gestillt.

In heiterer Menschengesellschaft
lag ich, von Grausen gepackt,
bis plötzlich gab es ein Mädchen,
ich habe sie kaum gesehen.
Sie tanzte mit all den vielen,
ich aber war ganz still.
Ich hab nicht mit ihr gesprochen …

— aus —

Ich liebe! Seit dem Abend, als ich sie sah, denke ich an sie. Sie verändert mich überhaupt. Schuldgefühle überfallen mich, wenn ich ein anderes Mädchen ansehe. Aber sie kennt mich kaum. Ich selbst weiß fast nichts mehr, nur, dass ich begeistert war. Ich hoffe, sie wiederzusehen.

Bisher noch nicht geschehn. <u>Distanz</u>.

<u>Aufgliederung des Textes und Erläuterung</u>

> *Mit Nachsicht zu lesen!*

Und freudig, ohne zu ahnen,
zog ich am Abend los.
In vielen Wegen und Gassen
und Straßen, mit Menschen gefüllt,
sah ich mein Denken erblassen,
mein Drängen tödlich gestillt.

> *Wohl infolge Ablenkung. — Im Wörterbuch der deutschen Sprache von Bertelsmann (Wö. d. dt. Spr. v. Be.) hat „Drang" an erster Stelle die Bedeutung von „das Drängen, Druck" und an dritter Stelle von „starker innerer Antrieb, starkes Bedürfnis", zum Beispiel „der Drang zum Höheren, nach oben, nach Freiheit".*

In heiterer Menschengesellschaft
lag ich, von Grausen gepackt,

> *Im Wö. d. dt. Spr. v. Be. hat „liegen" an fünfter Stelle die Bedeutung von „sich in einem Zustand befinden". — Mit einem oberflächlichen, unbekümmerten und einfach heiteren Dahinleben konnte*

bis plötzlich gab es ein Mädchen,
ich habe sie kaum gesehen.
Sie tanzte mit all den vielen,
ich aber war ganz still.
Ich hab' nicht mit ihr gesprochen.

> ➢ Nach meiner Erinnerung mein erstes
> ernsthaftes Verliebtsein.

Aus!

> ➢ Im Textzusammenhang wohl ein inspi-
> rierter Kommentar von einer geistigen
> Ebene. – „Aus sein" ist nach dem Wö.
> d. dt. Spr. v. Be. eine kurze Bezeichnung
> unter anderem für „zu Ende sein".

Ich liebe! Seit dem Abend, als ich sie sah, denke
ich an sie. Sie verändert mich überhaupt. Schuldgefühle überfallen mich, wenn ich ein anderes
Mädchen ansehe. Aber sie kennt mich kaum. Ich
selbst weiß fast nichts mehr, nur, dass ich begeistert war. Ich hoffe, sie wiederzusehen.

Bisher noch nicht gescheh'n. <u>Distanz</u>.
  ➢ *Nachtrag, wohl am 12. Juli 1958*

<u>12. Juli 1958</u>

Natürlich, das Englische hat mich wieder eine Menge Nerven gekostet. Eine Arbeit hatte zu entscheiden, ob ich reif für das nächste Semester bin. Alles okay ...
Die Mathematikarbeit in der nächsten Woche ist aber auch von einiger Bedeutung. Wenn sie mangelhaft wird, werde ich diese Zensur auf dem Zeugnis wiedersehen.
Am 1.10. endet meine Arbeit. – Es lebe die Vernunft.
Wie es mir geht? Ich verblöde von Tag zu Tag mehr, das heißt, meine Blödheit oder auch mein Stumpfsinn wächst kontinuierlich mit dem Alter – unaufhaltsam. Am 1.10.58 wird auch das ein Ende haben. Eigentlich müsste ich jetzt noch ein Gedicht schreiben. Keine Lust (Stimmung). Adios.

<u>Aufgliederung des Textes und Erläuterung</u>

Natürlich, das Englische hat mich wieder eine Menge Nerven gekostet. Eine Arbeit hatte zu entscheiden, ob ich reif für das nächste Semester bin. Alles okay ...
Die Mathematikarbeit in der nächsten Woche ist aber auch von einiger Bedeutung. Wenn sie

mangelhaft wird, werde ich diese Zensur auf dem Zeugnis wiedersehen.

Am 1. Oktober endet meine Arbeit.

> ➢ *Neben dem Besuch des Abendgymnasiums war ich voll berufstätig. Erst am 1. Oktober 1958, etwa fünf Monate vor dem Abitur, beendete ich meine reguläre berufliche Tätigkeit als Elektriker, um mehr Zeit für die Schule zu haben.*

Es lebe die Vernunft!

> ➢ *Möglicherweise ein inspirierter Kommentar*

Wie es mir geht? – Ich verblöde von Tag zu Tag mehr, das heißt, meine Blödheit – oder auch mein Stumpfsinn – wächst kontinuierlich mit dem Alter, unaufhaltsam. Am 1. Oktober 58 wird auch das ein Ende haben.

Eigentlich müsste ich jetzt noch ein Gedicht schreiben. Keine Lust (Stimmung). Adios.

Sechs Wochen Schulferien. Die letzten Tage vor dem Zeugnis waren natürlich eine ziemlich unangenehme Belastung, besonders, weil meine Zensur in Mathematik ungewiss war. Nicht ohne Stolz kann ich jetzt aber sagen, dass ich wider alle Erwartung vier Zensuren habe aufbessern können: Latein gut, Englisch ausreichend, Biologie befriedigend und Physik befriedigend. Damit bin ich ins 7. Semester versetzt worden, also zwei Semester vor dem Abitur.

Am vorigen Wochenende waren wir mit der Klasse in Bacharach. Außergewöhnliches ist nicht vorgefallen.

11. August 1958, 23:30 Uhr

Es liegt wieder einmal einer der langen, sturen Tage hinter mir. Das bedeutet, dass ich eigentlich nicht recht weiß, was ich hier sagen soll. Zu sagen oder zu rufen: „Hurra, ich verblöde", halte ich für überflüssig (weil Tatsachen meist eine ausführliche Darstellung erübrigen.) Zu sagen, ich bin müde – jetzt um 23:30 Uhr – wäre ebenfalls dumm, denn müde bin ich immer, wenn ich gezwungenermaßen die Umwelt erleben muss. Natürlich ist da der 1.10., ein Tag, dem ich entgegenfliege, laut zujubele: der Tag der Befreiung aus dem schändlichsten Kerker der Welt, der Unterdrückung eines natürlichen Geistes.

PS:
Es gibt Menschen, die sagen, das außergewöhnliche Denken sei Folge einer abnormalen Entwicklung der Hirnmasse. Da sage ich nur: primitive Existenzen!

Erläuterung

Es liegt wieder einmal einer der langen, sturen Tage hinter mir. Das bedeutet, dass ich eigentlich nicht recht weiß, was ich hier sagen soll. Zu sagen oder zu rufen: „Hurra, ich verblöde", halte ich für überflüssig (weil Tatsachen meist eine ausführliche Darstellung erübrigen.) Zu sagen, ich bin müde – jetzt um 23:30 Uhr – wäre ebenfalls dumm, denn müde bin ich immer, wenn ich gezwungenermaßen die Umwelt erleben muss. Natürlich ist da der 1. Oktober, ein Tag,

> *Nämlich der erste Tag nach Beendigung meiner beruflichen Tätigkeit als Elektriker.*

dem ich entgegenfliege, laut zujubele: der Tag der Befreiung aus dem schändlichsten Kerker der Welt, der Unterdrückung eines natürlichen Geistes.

> *Ich empfand damals die Zeit, in der ich nicht tun konnte, was ich wollte, als eine Gefangenschaft. Diese Situation, dass man in einem Beruf arbeitet, der nicht oder nur teilweise den eigenen Interessen entspricht, ist auch für die Allgemeinheit von größter Bedeutung. Das Elternhaus, der Kindergarten und auch die Schule sollten große Mühe darauf verwenden, herauszufinden, welche Begabungen oder Talente ein heranwachsender junger Mensch besitzt und was er gerne in seinem Leben werden*

möchte. Dies sollte bei der Berufswahl möglichst berücksichtigt werden. Andernfalls könnte der Beruf zu einem Job ausarten und unzufrieden oder unglücklich machen.

PS:
Es gibt Menschen, die sagen, das außergewöhnliche Denken sei Folge einer abnormalen Entwicklung der Hirnmasse. Da sage ich nur: primitive Existenzen!

> Das sage ich heute nicht mehr. Diese meine damalige Bemerkung war unreif. Nachträglich bitte ich um Entschuldigung.

<u>30. August 1958</u>

Natürlich, meine Eintragungen in der letzten Zeit waren mehr als spärlich. Nicht zuletzt durch die Gewissheit, dass ich in den nächsten Wochen mit verhältnismäßig mehr Muße dieser Aufgabe nachkommen kann. Jetzt möchte ich nur kurz erwähnt haben, dass mein wachsendes Selbstbewusstsein (unähnlich dem der werdenden Männer: da bewusst) mir mehr und mehr Befriedigung verschafft. Ich möchte das im Sinne einer in etwa begründeten Objektivität verstanden wissen, das heißt, dass ich das Problem an sich nicht mehr aus der Einseitigkeit heraus zu betrachten brauche, sondern dass der Abstand zu ihm doch die Kausalität aufzudecken in der Lage ist. – <u>Genug</u>!

<u>Aufgliederung des Textes und Erläuterung</u>

Natürlich, meine Eintragungen in der letzten Zeit waren mehr als spärlich. Nicht zuletzt durch die Gewissheit, dass ich in den nächsten Wochen mit verhältnismäßig mehr Muße dieser Aufgabe nachkommen kann.
Jetzt möchte ich nur kurz erwähnt haben, dass mein wachsendes Selbstbewusstsein (unähnlich dem der werdenden Männer, da bewusst)

> Was „bewusst" tatsächlich bedeutet, wusste ich damals noch nicht!

mir mehr und mehr Befriedigung verschafft. Ich möchte das im Sinne einer in etwa begründeten Objektivität verstanden wissen,

> Von meiner Veranlagung her bin ich ein Mensch, der dazu neigt, alles zu hinterfragen, um dadurch tiefer in das Wesen der Erscheinungswelt und ihrer Vorgänge einzudringen. Durch letzteres glaubte ich damals, mir eine gewisse Objektivität in meinem Urteil angeeignet zu haben.

das heißt, dass ich das Problem an sich nicht mehr aus der Einseitigkeit heraus zu betrachten brauche, sondern dass der Abstand zu ihm doch die Kausalität aufzudecken in der Lage ist.

> „Er hat nicht genügend Abstand von den Dingen" bedeutet nach dem Wörterbuch der deutschen Sprache von Bertelsmann (Wö. d. dt. Spr. v. Be.) „er betrachtet sie vom rein persönlichen Standpunkt aus".

Genug!

➢ Wohl ein inspirierter Kommentar zu meinen Ausführungen.

10. September 1958

Es ist gar nicht so einfach, Frauen zu verstehen. Ich sage das aus meinen neuesten Erfahrungen heraus, die natürlich, im Rahmen meines gezwungenen Lebens im Betrieb, nicht besondere Gültigkeit beanspruchen dürfen. Ich mag an sich alle jungen Mädchen – mehr oder weniger. Doch was soll ich tun? Meist ist es nur der körperliche Reiz: eine augenblickliche Aufwallung ohne irgendeinen tiefen Hintergrund. Ich müsste mich ganz umstellen, wollte ich das nur kurze Vergnügen genießen; denn kann ich verlangen, dass ein Mädchen, das für mich nicht mehr ist als eine Frau, mein Wesen verstehen lernt, dass es Probleme wälzen soll, um das Einfachste zu erhalten? – Nein, ich muss den bürgerlichen Weg einschlagen, um über das Einfache zum Tieferen, zum Verständnis zu gelangen, ich muss das Weibliche an sich studieren, um in diesem das Wertvolle zu finden. Meine große Hoffnung liegt natürlich in der nächsten Zeit, die für mich nicht nur ausgeschlafene Tage, sondern auch Zeit – Zeit und nochmals Zeit bedeutet. Wenn sich meine begründete Vermutung bewahrheitet, wird das nächste Jahr mich betreffs Aufgeschlossenheit verändern. Hurra!

<u>Aufgliederung des Textes und Erläuterung</u>

Es ist gar nicht so einfach, Frauen zu verstehen. Ich sage das aus meinen neuesten Erfahrungen heraus, die natürlich, im Rahmen meines gezwungenen Lebens im Betrieb, nicht besondere Gültigkeit beanspruchen dürfen. Ich mag an sich alle jungen Mädchen – mehr oder weniger. Doch was soll ich tun? Meist ist es nur der körperliche Reiz: eine augenblickliche Aufwallung

> *von Gefühlen*

ohne irgendeinen tiefen Hintergrund. Ich müsste mich ganz umstellen, wollte ich das nur kurze Vergnügen genießen; denn kann ich verlangen, dass ein Mädchen, das für mich nicht mehr ist als eine Frau, mein Wesen verstehen lernt, dass es Probleme wälzen soll, um das Einfachste zu erhalten? –

Nein!

> *Möglicherweise inspiriert*

Ich muss den bürgerlichen Weg einschlagen, um über das Einfache zum Tieferen, zum Verständnis zu gelangen, ich muss das Weibliche an sich studieren, um in diesem das Wertvolle zu finden.

> *Wohl mehr unbewusst, vielleicht sogar*
>
> *inspiriert, sprach ich damals etwas an,*

was mich auch heute noch in hohem Maße interessiert: die unterschiedlichen Wesensmerkmale bzw. Interessen bei Mann und Frau. Heute meine ich, dass das Männliche und das Weibliche die beiden Hauptpole im ewigen Sein darstellen. Um ihr inneres Wesen kennenzulernen, muss man sie im Äußeren auf sich wirken lassen.

Meine große Hoffnung liegt natürlich in der nächsten Zeit, die für mich nicht nur ausgeschlafene Tage, sondern auch Zeit – Zeit und nochmals Zeit bedeutet. Wenn sich meine begründete Vermutung bewahrheitet, wird das nächste Jahr mich betreffs Aufgeschlossenheit verändern. Hurra!

<u>1. Oktober 1958, Frei!!</u>

Es kam aber anders: Nicht mit Hurra und Gloria – mit einer ekligen Erkältung, die natürlich wieder ein Anlass ist, das Schicksal zu verdammen. Nichts für ungut. Es ist jedenfalls empörend, dass Krankheiten sich meiner nur in den Freizeiten erinnern. Beinahe sechs Jahre bin ich im Beruf gewesen und war, abgesehen von einer leichten Lungenentzündung, immer kerngesund.
Wie es eben eine Erkältung mit sich bringt: ich fühle mich nicht gerade hervorragend. (Werde bewusst immer selbstbewusster.)

Träge rollt der Lebenswagen
müde durch das Land
und die Räder ächzend tragen
knirschend in dem Sand

Früh am Morgen zieh'n die Rosse
ungestüm ins off'ne Feld
fernab wie der Heimat Gasse
weiter drängt es in die Welt

Tödlich wird des Tages Hitze
keuchend schleicht der Wagen hin
wozu war die elend'ge Hetze
fernher grüßt der Abend schon

In der ewig schönen Stille
Hoch in Gipfelnäh'
rastet unsere kleine Kutsche
schaut ins Land zurück.

<u>Aufgliederung des Textes</u>

Frei!!

Es kam aber anders – nicht mit Hurra und Gloria
– mit einer ekligen Erkältung, die natürlich wieder ein Anlass ist, das Schicksal zu verdammen.

Nichts für ungut!

Es ist jedenfalls empörend, dass Krankheiten sich
meiner nur in den Freizeiten erinnern. Beinahe
sechs Jahre bin ich im Beruf gewesen und war,
abgesehen von einer leichten Lungenentzündung, immer kerngesund.
Wie es eben eine Erkältung mit sich bringt: ich
fühle mich nicht gerade hervorragend. (Werde
bewusst immer selbstbewusster.)

—

Träge rollt der Lebenswagen,
müde durch das Land,
und die Räder ächzend tragen,
knirschend in dem Sand.

Früh am Morgen ziehn die Rosse
ungestüm ins off'ne Feld.
Fernab liegt der Heimat Gasse,
weiter drängt es in die Welt.

Tödlich wird des Tages Hitze,
keuchend schleicht der Wagen hin.
Wozu war die elend'ge Hetze,
fernher grüßt der Abend schon!

In der ewig schönen Stille,
hoch in Gipfelnäh,
rastet unsere kleine Kutsche,
schaut ins Land zurück.

Deutung

Frei!!

> Am 30. September gab ich meine be-
> rufliche Tätigkeit als Elektriker auf, um
> mich auf das Abitur am Abendgymna-
> sium vorbereiten zu können.

Es kam aber anders – nicht mit Hurra und Gloria – mit einer ekligen Erkältung, die natürlich wieder ein Anlass ist, das Schicksal zu verdammen.

Nichts für ungut!

> ➤ Am ehesten wieder ein inspirierter Einwurf. – „Nichts für ungut!" bedeutet nach dem Wörterbuch der deutschen Sprache von Bertelsmann (Wö. d. dt. Spr. v. Be.): „Nehmen Sie es nicht übel!"

Es ist jedenfalls empörend, dass Krankheiten sich meiner nur in den Freizeiten erinnern. Beinahe sechs Jahre bin ich im Beruf gewesen und war, abgesehen von einer leichten Lungenentzündung, immer kerngesund. – Wie es eben eine Erkältung mit sich bringt: ich fühle mich nicht gerade hervorragend. (Werde bewusst immer selbstbewusster.)

> ➤ Der Text in der Klammer spricht nicht für eine besondere Bewusstseinsweite.

—

Träge rollt der Lebenswagen,
müde durch das Land,

> ➤ „Der Blick auf eine Landschaft symbolisiert in der Sprache unserer Träume

meist die Lebensperspektiven des Träumenden. Sie sind so beschaffen, wie sich
ihm die Traumlandschaft präsentiert
…" (Günter Harnisch)
und die Räder ächzend tragen,
knirschend in dem Sand.

> Nach dem Wö. d. dt. Spr. v. Be. hat
„knirschen" im übertragenen Sinn die
Bedeutung von „mit unterdrücktem,
heftigem Zorn, zähneknirschend sagen".
– In der Traumsprache ist Sand meist
ein Symbol für Zeit und Vergänglichkeit
…" (Günter Harnisch)

Früh am Morgen ziehn die Rosse

> „Die Beziehung zwischen dem Pferd
und seinem Herrn dürfte in früheren
Zeiten die persönlichste gewesen sein,
die zwischen Tier und Mensch überhaupt denkbar ist. In den antiken Mythen, Sagen und Märchen verkörpert
das Pferd biologische Lebenskraft …"
(Günter Harnisch)

ungestüm ins off'ne Feld.

> „In der Traumsprache ist das Feld
> meist als Betätigungsfeld zu sehen. Es
> symbolisiert ein Aufgaben- und Interes-
> sengebiet ...“ (Günter Harnisch)

Fernab liegt der Heimat Gasse,
weiter drängt es in die Welt.

Tödlich wird des Tages Hitze,
keuchend schleicht der Wagen hin.
Wozu war die elend'ge Hetze,
fernher grüßt der Abend schon!

> „... Der Abend im Traum kann auch ei-
> nen Hinweis auf den Lebensabend ent-
> halten.“ (Günter Harnisch)

In der ewig schönen Stille,
hoch in Gipfelnäh,

> „Wer auf dem Gipfel eines Berges steht,
> hat einen Überblick über die Umgebung.
> Tempel, Kirchen und Burgen baute man
> früher auf Bergen. Diese Lage hob die
> besondere Bedeutung der Gebäude her-
> vor ...“ (Günter Harnisch)

rastet unsere kleine Kutsche,
schaut ins Land zurück.

➢ Nach dem Wö. d. dt. Spr. v. Be. hat „Rückschau" die Bedeutung von „Erinnerung an vergangene Ereignisse", zum Beispiel „Lebensrückschau". – Dieses Gedicht kam mithilfe der Inspiration zustande. Im Tagebucheintrag vom 1. November 1958 wurde es geändert und erweitert. Die fett geschriebenen Verse sind Kommentare von einer höheren geistigen Ebene zu den Versen in Normalschrift, die inhaltlich meine damalige negative Beurteilung meines Lebens zum Ausdruck bringen.

Wie elend bist du, Mensch,
wo finster dir die Welt,
das Tal verhängt, der Gipfel weit
und keine Sonne. ((Oh weh!!))

—

Oh Glaube meiner Jugendzeit,
dass ich dich je verlor!
Im blinden Zweifel gab ich auf
dich, Gott, ich, armer Tor.

Dahin ist eine Märchenwelt,
gestorben die Natur,
gleich einem Schiff am Fels zerschellt,
das in den Himmel fuhr.

Wo liegt der Gott für meine Zeit,
wer gibt mir Lebenssinn?
Verödet in der Ewigkeit,
schleich' ich zum Tode hin.

Vergessen, längst, ist das Gebet,
verlacht die Kirche', das Kreuz.
Nur Wehmut mir noch eingesteht,
ich liebte, was da einst getäuscht.

Vergiftet ist der große Fluss

und tödlich seine Näh',
die ganze Welt reißt er im Sturz,
ertränkt sein Kind, es bleibt ein „Weh".

Doch aus dem Bild heraus ein Ruf,
unendlich laut und klar!
Mensch, ruft es von der höchsten Stuf',
dir ich die Pflicht allein gebar.

Aufgliederung des Textes

Wie elend bist du, Mensch,
wo finster dir die Welt,
das Tal verhängt, der Gipfel weit
und keine Sonne!

Oh weh!!

—

Oh Glaube meiner Jugendzeit,
dass ich dich je verlor!
Im blinden Zweifel gab ich auf
dich, Gott – ich, armer Tor.

Dahin ist eine Märchenwelt,
gestorben die Natur,
gleich einem Schiff am Fels zerschellt,

das in den Himmel fuhr.

Wo liegt der Gott für meine Zeit,
wer gibt mir Lebenssinn?
Verödet in der Ewigkeit,
schleich ich zum Tode hin.

Vergessen, längst, ist das Gebet,
verlacht die Kirch, das Kreuz.
Nur Wehmut mir noch eingesteht,
ich liebte, was da einst getäuscht.

Vergiftet ist der große Fluss
und tödlich seine Näh.
Die ganze Welt reißt er im Sturz,
ertränkt sein Kind, es bleibt ein „Weh".

Doch aus dem Bild heraus ein Ruf,
unendlich laut und klar!
„Mensch", ruft es von der höchsten Stuf,
„dir ich die Pflicht allein gebar!"

<u>Erläuterung und Deutung</u>

> Beide Gedichte entstanden wohl mithilfe der Inspiration.

Wie elend bist du, Mensch,
wo finster dir die Welt,

> „Was im Dunkel liegt, kann man nicht durchschauen und nicht begreifen. Damit sind Gedanken, Gefühle und Handlungen gemeint. Als Traumbild weist die Dunkelheit meist auf Verständnislosigkeit, Unwissenheit, das Unbewusste, Angst, Alter und Tod hin. Dieses Bild stellt oft unklare Ahnungen und Gefühle dar, Zweifel und Ungewissheit …" (Günter Harnisch)

das Tal verhängt, der Gipfel weit

> Bezüglich „Tal" heißt es bei Günter Harnisch: „Dieses Traumbild weist auf einen Tiefpunkt hin, auf eine Krise im Denken, Fühlen oder Handeln des Träumenden. Die genauere Bedeutung lässt sich aus der Beschaffenheit des Tales entnehmen. Wichtig ist auch, wie sich der Träumende in diesem Traum

fühlt." – „Wer auf dem Gipfel eines Berges steht, hat einen Überblick über die Umgebung. Tempel, Kirchen und Burgen baute man früher auf Bergen. Diese Lage hob die besondere Bedeutung der Gebäude hervor. Im Traum deutet der Weg auf einen Berg auf die Annäherung an ein wichtiges Problem hin. Hindernisse und Mühen auf dem Weg symbolisieren die entsprechenden Schwierigkeiten in der Wirklichkeit. Wichtig für die Aussage des gesamten Traumes ist, was der Träumende auf dem Berg vorfindet und was sich dort ereignet." (Günter Harnisch)

und keine Sonne!

> „Die Sonne ist eines der positivsten Traumsymbole. Sie kennzeichnet im Traum stets produktive schöpferische Energie, die künstlerische Ideen oder Bewusstseinsprozesse in Gang bringt." (Günter Harnisch). – „Die positive (männliche) Kraft der Seele, Energiesymbol des Lebens, des Schöpferischen,

des Befruchtenden, denn in den meisten Kulturen wird die Sonne als männlich angesehen. Wo sie im Traum aufgeht, da ist Erfolg in allen Lebensbereichen zu erwarten. Wo sie untergeht, mündet eine Glücksphase ins Alltägliche. Die leuchtende Kraft der Sonne erhellt unser Bewusstsein und macht uns für neue und gute Taten bereit ..." (Georg Fink). – „... Das leuchtendste und größte Energiesymbol ist die Sonne. Wo sie im Traum aufgeht, ist stärkste Wirkung, ist ein tätiger Morgen zu erwarten. Nur in den Wüstenträumen kann die sengende Glut dem Wanderer den Tod bringen. Sonst aber ist sie die Bringerin des Lebens, des Schöpferischen, Befruchtenden. Sonnenuntergänge aber sind im Traum meist von negativer Bedeutung, eine Bewusstseinsphase geht zu Ende." (Ernst Aeppli). – „... Betrachten wir die Sonne (Orange) und die Erde (Blau), so finden wir in ihnen Urbild und Vorbild des Liebens. Das war

auch der Inhalt der Sonnenreligion Altägyptens und wird auch die Religion des
Wassermannzeitalters, des Evangeliums
der Sonne sein." (Heinrich Elijah Benedikt)

Oh weh!!

> Im Tagebuch ist diese Bemerkung dop-
> pelt eingeklammert. Ich hielt sie wohl
> für fehl am Platz, nicht ahnend, dass
> meine Darstellungen immer wieder von
> der Geistigen Welt kommentiert wur-
> den. Letzteres erkannte ich erst bei der
> Durchsicht meiner Tagebücher knapp
> 50 Jahre später.

—

Oh Glaube meiner Jugendzeit,
dass ich dich je verlor!
Im blinden Zweifel gab ich auf
dich, Gott – ich, armer Tor.

Dahin ist eine Märchenwelt,
gestorben die Natur,
gleich einem Schiff am Fels zerschellt,
das in den Himmel fuhr.

Wo liegt der Gott für meine Zeit,
wer gibt mir Lebenssinn?
Verödet in der Ewigkeit,
schleich ich zum Tode hin.

Vergessen, längst, ist das Gebet,
verlacht die Kirch, das Kreuz.
Nur Wehmut mir noch eingesteht,
ich liebte, was da einst getäuscht.

Vergiftet ist der große Fluss
und tödlich seine Näh.
Die ganze Welt reißt er im Sturz,
ertränkt sein Kind, es bleibt ein „Weh".

Doch aus dem Bild heraus ein Ruf,
unendlich laut und klar!
„Mensch", ruft es von der höchsten Stuf,
„dir ich die Pflicht allein gebar!"

> ➢ Im Wörterbuch der deutschen Sprache
> von Bertelsmann (Wö. d. dt. Spr. v. Be.)
> wird „Pflicht" an erster Stelle definiert
> als „Dienst, Aufgabe, die erledigt wer-
> den muss".

<u>1.November 1958   (Änderung der Tagebuchein-
tragungen vom 1. und 11. Oktober)</u>

<u>Tageslauf</u>

Träge rollt der Lebenswagen,
müde durch das Land,
und die Räder ächzend tragen,
knirschend in dem Sand.

Früh am Morgen ziehn die Rosse
ungestüm ins offne Feld,
weit fort von der Heimat Gasse
drängt es in die große Welt.

Tödlich wird des Tages Hitze,
keuchend schleicht der Wagen hin,
und dem Fuhrmann, wie zum Witze,
scheint die Fahrt gar ohne Sinn.

In der ewig schönen Stille,
hoch, in Gipfelnäh',
endet aller Qualen Hölle,
stirbt dort jedes Weh.

Doch es führen viele Wege
nicht zum Berge hin,
ziehn sich endlos durch das Leben
und im Ganzen ohne Sinn.

Wehmut

Oh Glauben meiner Jugendzeit,
dass ich dich je verlor.
Im blinden Zweifel gab ich auf
dich, Gott, ich armer Tor.

Dahin ist eine Märchenwelt,
gestorben die Natur,
gleich einem Schiff am Fels zerschellt,
das in den Himmel fuhr.

Wo ist der Gott für meine Zeit,
wer gibt mir Lebenssinn?
Verödet in der Ewigkeit,
schleich' ich zum Tode hin.

Vergiftet ist der gelbe Fluss
und tödlich seine Näh',
die ganze Welt reißt er im Sturz,
ertränkt sein Kind – es bleibt ein Weh.

Doch aus dem Tod heraus ein Ruf,
unendlich laut und klar,
Mensch! ruft es von der höchsten Stuf',
verzweifle nicht, die Pflicht ist wahr!

<u>Aufgliederung des Textes</u>

<u>Tageslauf</u>

Träge rollt der Lebenswagen,
müde durch das Land,
und die Räder ächzend tragen,
knirschend in dem Sand.

*Früh am Morgen zieh'n die Rosse
ungestüm ins off'ne Feld.
Weit fort von der Heimat Gasse
drängt es in die große Welt.*

Tödlich wird des Tages Hitze,
keuchend schleicht der Wagen hin,
und dem Fuhrmann, wie zum Witze,
scheint die Fahrt gar ohne Sinn.

*In der ewig schönen Stille,
hoch, in Gipfelnäh',
endet aller Qualen Hölle,
stirbt dort jedes Weh.*

Doch es führen viele Wege
nicht zum Berge hin,
ziehn sich endlos durch das Leben
und im Ganzen ohne Sinn.

—

<u>Wehmut</u>

Oh Glaube meiner Jugendzeit,
dass ich dich je verlor.
Im blinden Zweifel gab ich auf
dich, Gott, ich armer Tor!

Dahin ist eine Märchenwelt,
gestorben die Natur,
gleich einem Schiff am Fels zerschellt,
das in den Himmel fuhr.

Wo ist der Gott für meine Zeit,
wer gibt mir Lebenssinn?
Verödet in der Ewigkeit,
schleich ich zum Tode hin.

Vergiftet ist der gelbe Fluss
und tödlich seine Näh'.
Die ganze Welt reißt er im Sturz,
ertränkt sein Kind, es bleibt ein Weh.

Doch aus dem Tod heraus ein Ruf,
unendlich laut und klar:
„Mensch", ruft es von der höchsten Stuf,
„verzweifle nicht, die Pflicht ist wahr!"

<u>Erläuterung und Deutung</u>

<u>Tageslauf</u>

> „Tageslauf" steht hier symbolisch für das irdische Leben des Menschen. Dieses Gedicht vom 1. Oktober 1958 wurde am 1. November erweitert und geändert. Alle 5 Verse sind wohl überwiegend inspirativ entstanden. Die Verse 1, 3 und 5 beschreiben meine negative Einstellung unserem Leben gegenüber, die Verse 2 und 4 sind Antworten darauf von einer hohen geistigen Ebene.

Träge rollt der Lebenswagen,

> Zu „Wagen" bzw. Auto schreibt Günter Harnisch unter anderem: „Seine Symbolbedeutung im Traum ist die eines individuellen Transportmittels. Es verkörpert auch die motorische Energie, die Lebenskraft seines Besitzers ..." (Günter Harnisch)

müde durch das Land,

> „Der Blick auf eine Landschaft symbolisiert in der Sprache unserer Träume

meist die Lebensperspektiven des Träumenden. Sie sind so beschaffen, wie sich
ihm die Traumlandschaft präsentiert
..." (Günter Harnisch)
und die Räder ächzend tragen,
knirschend in dem Sand.

> Nach dem Wörterbuch der deutschen Sprache von Bertelsmann (Wö. d. dt. Spr. v. Be.) hat „knirschen" im übertragenen Sinn die Bedeutung von „mit unterdrücktem, heftigem Zorn, zähneknirschend sagen". – „In der Traumsprache ist Sand meist ein Symbol für Zeit und Vergänglichkeit. Ähnlich wie die Sanduhr mahnt rinnender Sand an das Vergehen unserer Lebenszeit. Die Angst vor dem Alter und dem Tod drückt sich häufig in solchen Traumbildern aus ..." (Günter Harnisch)

Früh am Morgen zieh'n die Rosse

> Mit „Früh am Morgen" ist unser Lebensmorgen gemeint. – „Die Beziehung zwischen dem Pferd und seinem Herrn dürfte in früheren Zeiten die persön-

lichste gewesen sein, die zwischen Tier und Mensch überhaupt denkbar ist. In den antiken Mythen, Sagen und Märchen verkörpert das Pferd biologische Lebenskraft …" (Günter Harnisch)

ungestüm ins off'ne Feld.

> ,,In der Traumsprache ist das Feld meist als Betätigungsfeld zu sehen. Es symbolisiert ein Aufgaben- und Interessengebiet …" (Günter Harnisch)

**Weit fort von der Heimat Gasse
drängt es in die große Welt.**

Tödlich wird des Tages Hitze,

> Im Wö. d. dt. Spr. v. Be. hat ,,heiß" an zweiter Stelle die Bedeutung von ,,leidenschaftlich, inbrünstig", an dritter Stelle von ,,heftig, lebhaft", an vierter Stelle (umgangssprachlich) von ,,aufpeitschend, erregend", an fünfter Stelle von ,,konfliktbeladen" und an sechster Stelle (umgangssprachlich) von ,,sexuell erregend".

keuchend schleicht der Wagen hin,
und dem Fuhrmann, wie zum Witze,

scheint die Fahrt gar ohne Sinn.

> ➢ Nämlich infolge des ihm vermittelten materialistischen Weltbildes.

In der ewig schönen Stille,
hoch, in Gipfelnäh',

> ➢ „Wer auf dem Gipfel eines Berges steht, hat einen Überblick über die Umgebung. Tempel, Kirchen und Burgen baute man früher auf Bergen. Diese Lage hob die besondere Bedeutung der Gebäude hervor. Im Traum deutet der Weg auf einen Berg auf die Annäherung an ein wichtiges Problem hin. Hindernisse und Mühen auf dem Weg symbolisieren die entsprechenden Schwierigkeiten in der Wirklichkeit. Wichtig für die Aussage des gesamten Traumes ist, was der Träumende auf dem Berg vorfindet und was sich dort ereignet." (Günter Harnisch)

endet aller Qualen Hölle,
stirbt dort jedes Weh.

Doch es führen viele Wege
nicht zum Berge hin,
ziehn sich endlos durch das Leben

und im Ganzen ohne Sinn.

–

<u>Wehmut</u>
> Dieses Gedicht vom 11. Oktober wurde ebenfalls am 1. November geändert.

Oh Glaube meiner Jugendzeit,
dass ich dich je verlor.
Im blinden Zweifel gab ich auf
dich, Gott, ich armer Tor!

Dahin ist eine Märchenwelt,
> Im Wö. d. dt. Spr. v. Be. hat „Märchenwelt" an zweiter Stelle die Bedeutung von „erträumte Welt ohne Probleme", zum Beispiel „sich in eine Märchenwelt zurückziehen".

gestorben die Natur,
> Im Wö. d. dt. Spr. v. Be. hat „Natur" an sechster Stelle die Bedeutung von „Person in ihrer Eigenart", zum Beispiel „er ist eine glückliche, sonnige Natur".

gleich einem Schiff am Fels zerschellt,
> „Ein Schiff im Traum symbolisiert das Lebensschiff. Die Fahrt mit dem Schiff

über große Gewässer oder Flüsse deutet auf die Lebensreise hin." (Günter Harnisch). – „Schroffes Gestein, Felsgeröll und Klippen symbolisieren körperliche und geistig-seelische Festigkeit und Stärke, aber auch Härte, Kälte und Egoismus ..." (Günter Harnisch)
das in den Himmel fuhr.

> ➢ Im Wö. d. dt. Spr. v. Be. hat „Himmel" an zweiter Stelle die Bedeutung von „Aufenthalt Gottes oder der Götter sowie (nach christlicher Lehre) der Seligen, Paradies".

Wo ist der Gott für meine Zeit,
wer gibt mir Lebenssinn?
Verödet in der Ewigkeit,
schleich ich zum Tode hin.

Vergiftet ist der gelbe Fluss
und tödlich seine Näh'.
Die ganze Welt reißt er im Sturz,
ertränkt sein Kind, es bleibt ein Weh.

Doch aus dem Tod heraus ein Ruf,
unendlich laut und klar:
„Mensch", ruft es von der höchsten Stuf,

„verzweifle nicht, die Pflicht ist wahr!"

> Im Wö. d. dt. Spr. v. Be. wird „Pflicht" an erster Stelle definiert als „Dienst, Aufgabe, die erledigt werden muss".

<u>2. November 1958</u>

<u>Sieg</u>

Wie im tiefen Traum verborgen,
und erwachend erst gestorben,
ist des Lebens heil'ges Wesen
für uns Menschen schwer zu lesen.

Groß und trotzig stell die Frage
nach der Frage! Nie verzage!
Denn nur fragend findet sich,
dem im Leben gabst du dich.

Ach, es ist ein großer Jammer,
hadert mit der Seel' die Kammer.
Nur zu oft hab ich gesehn
edlem Geist den Mut entfliehn.

Schmerzend warf man sich zur Erde,
gab für sinnlos auf die Würde,
und die Menschen gingen weiter,
wenig schmerzvoll, sehr oft heiter!

Drum, oh Mensch, bedenke immer,
Schmerz macht nur den Schmerz noch schlimmer!
Zeige froh und wohlgemut
deine Brust dem Heldentod!

<u>Erläuterung und Deutung</u>

> Tagebucheintrag inspiriert

<u>Sieg</u>

Wie im tiefen Traum verborgen,
und erwachend erst gestorben,
ist des Lebens heil'ges Wesen

> Nämlich der Mensch als ein von Gott
> abstammendes geistiges Wesen, als ein
> Kind Gottes.

für uns Menschen schwer zu lesen.

> Im Wörterbuch der deutschen Sprache
> von Bertelsmann (Wö. d. dt. Spr. v. Be.)
> hat „lesen" an vierter Stelle die Bedeu-
> tung von „(etwas) erkennen, schließen".

Groß und trotzig stell die Frage
nach der Frage! Nie verzage!
Denn nur fragend findet sich,
dem im Leben gabst du dich.

> „Bittet, so wird euch gegeben; suchet,
> so werdet ihr finden; klopfet an, so
> wird euch aufgetan." (Matthäus 7:7)

Ach, es ist ein großer Jammer,
hadert mit der Seel' die Kammer.

➢ Zu Zimmer schreibt Georg Fink unter anderem: „Das Innerste des Hauses, übersetzt: des eigenen Ich …" – „Das Haus stellt im Traum das Gehäuse der Seele dar …" (Günter Harnisch)

Nur zu oft hab ich gesehn
edlem Geist den Mut entfliehn.

➢ Zu verstehen im Sinne von: den Mut edlem Geist entfliehn. – Im Wö. d. dt. Spr. v. Be. hat „Geist" an achter Stelle die Bedeutung von „Person im Hinblick auf bestimmte Eigenschaften und Fähigkeiten, auf die Wirkung, die sie ausübt".

Schmerzend warf man sich zur Erde,
gab für sinnlos auf die Würde.

➢ Im Wö. d. dt. Spr. v. Be. hat „Würde" an erster Stelle die Bedeutung von „natürlicher Wert, der jedem (menschlichen) Wesen innewohnt", zum Beispiel „die Würde des Menschen".

Und die Menschen gingen weiter,
wenig schmerzvoll, sehr oft heiter!

Drum, oh Mensch, bedenke immer,

Schmerz macht nur den Schmerz noch schlimmer!
Zeige froh und wohlgemut
deine Brust dem Heldentod!

> ➤ Im Wö. d. dt. Spr. v. Be. hat „Held" an
> erster Stelle die Bedeutung von „je-
> mand, der sich durch Tapferkeit im
> Kampf auszeichnet" und an zweiter
> Stelle von „jemand, der sich durch be-
> deutende Arbeiten zugunsten anderer
> auszeichnet".

<u>22. Dezember 1958</u>

Wie aus dem Datum ersichtlich ist, dauert es nicht mehr lange bis Weihnachten. Tage und Wochen vergehen ohne außergewöhnliche Zwischenfälle. Neben den umfangreichen Aufgaben fürs Abitur schreibe ich – wenn Zeit und Lust vorhanden – den Traum des X, eine Auseinandersetzung zwischen Pflicht und weltanschaulicher Ausweglosigkeit bzw. Trägheit. In der Schule geht es, seitdem ich ganz zu Hause bin, aufwärts.

–

Was geb ich um die finstren Mächte,
was geb ich um des Schattens Reich,
mir nach nur folget, liebe Gäste,
ich führ euch sicher, sammetweich!

Durch Wälder, über Klüfte,
unaufhaltsam, stet im Lauf,
fegt, wie der Sturm die Lüfte,
das Herz uns all hinauf.

Ins Tal, da springen Wasser
aus großer Höh herab.
Das Land wird nass und nässer
und sinkt zum Meere ab.

Und Elend, Not und Jammer

bringt uns die nasse Flut.
Sie bricht und wütet gleich dem Hammer,
verloren alle sichre Hut.

<u>Erläuterung und Deutung</u>
> *Das Gedicht ist inspiriert.*

Wie aus dem Datum ersichtlich ist, dauert es nicht mehr lange bis Weihnachten. Tage und Wochen vergehen ohne außergewöhnliche Zwischenfälle. Neben den umfangreichen Aufgaben fürs Abitur schreibe ich – wenn Zeit und Lust vorhanden – den Traum des X, eine Auseinandersetzung zwischen Pflicht und weltanschaulicher Ausweglosigkeit bzw. Trägheit. In der Schule geht es, seitdem ich ganz zu Hause bin, aufwärts.

–

Was geb ich um die finst'ren Mächte,
> *Im Wörterbuch der deutschen Sprache von Bertelsmann (Wö. d. dt. Spr. v. Be.) hat „finster" an zweiter Stelle die Bedeutung von „dunkel und unheimlich", an dritter Stelle von „sehr ernst, fast*

böse oder drohend" und an vierter Stelle von „anrüchig, verdächtig".

was geb ich um des Schattens Reich,

> Im Wö. d. dt. Spr. v. Be. hat „Schatten" an zweiter Stelle die Bedeutung von „Bereich, der nicht vom Licht getroffen wird", an dritter Stelle von „dunkler Fleck, dunkle Erscheinung" und an vierter Stelle von „Geist eines Toten".

mir nach nur folget, liebe Gäste,

> An die zukünftigen Leser gerichtet, mir damals habe nicht bewusst.

ich führ euch sicher, sammetweich!

Durch Wälder, über Klüfte,

> „Traumhandlungen im Wald weisen meist auf archetypische Muster des Kollektiven Unbewussten in uns hin. Der Wald gilt als Symbol des Unbewussten ..." (Günter Harnisch). – Im Wö. d. dt. Spr. v. Be. hat „Kluft" an erster Stelle die Bedeutung von „tiefe Spalte (im Gestein)" und an zweiter Stelle (im übertragenen Sinn) von „unüberbrückbarer Gegensatz".

unaufhaltsam, stet im Lauf,
fegt, wie der Sturm die Lüfte,

> ➤ „„… Oft ist der Wind Hinweis auf starke geistige Energien. […] Wo eine starke geistige Bewegtheit einsetzt, dort teilt sie sich oft im Traum als herannahender Sturm mit …" (Günter Harnisch). – Zu „Luft" heißt es beim gleichen Autor unter anderem: „Sie gilt als Symbol für schöpferisches Denken und die Kräfte der Fantasie …" – „„… Von jeher ist nun die **Luft** als das Medium des Geistes empfunden worden …" (Ernst Aeppli)

das Herz uns all hinauf.

> ➤ „Das Herz ist das Symbol für körperliche Lebensenergie, aber auch für Liebe, für Gefühlsfähigkeit. Nach der Symbolik des Mittelalters war das Herz das Bild der Sonne im Menschen …" (Günter Harnisch)

Ins Tal, da springen Wasser

> ➤ Zu „Tal" schreibt Günter Harnisch unter anderem: „Dieses Traumbild weist auf einen Tiefpunkt hin, auf eine Krise

im Denken, Fühlen oder Handeln des Träumenden ...“ – „Das Wasser symbolisiert im Traum unbewusste seelische Energie ...“ (Günter Harnisch)
aus großer Höh herab.
Das Land wird nass und nässer

> „Der Blick auf eine Landschaft symbolisiert in der Sprache unserer Träume meist die Lebensperspektiven des Träumenden. Sie sind so beschaffen, wie sich ihm die Traumlandschaft präsentiert. Sieht die Landschaft dunkel, trüb oder verhangen aus, so kann sich darin eine düstere, pessimistische Lebenseinstellung ausdrücken. Eine sonnige Landschaft ist dagegen eher Ausdruck einer positiven, tatkräftigen Grundhaltung.“ (Günter Harnisch). – Im Wö. d. dt. Spr. v. Be. hat „nass“ an erster Stelle die Bedeutung von „mit Wasser durchtränkt oder bedeckt“.

und sinkt zum Meere ab.

> Im Wö. d. dt. Spr. v. Be. hat „absinken“ an erster Stelle die Bedeutung von

„sinken" und an zweiter Stelle von „sich verschlechtern". – „Das Meer ist ein archetypisches Symbol für den Ursprung des Lebendigen überhaupt, nicht des persönlichen Lebens eines Individuums. In seiner unabsehbaren Tiefe und Weite stellt es im Traum das Kollektive Unbewusste dar ..." (Günter Harnisch)

Und Elend, Not und Jammer
bringt uns die nasse Flut.

> „Dieses Traumsymbol ist entweder im Sinne von Überschwemmung aufzufassen, oder es hat die Bedeutung der Flut im Sinne des Gezeitenwechsels ..." (Günter Harnisch)

Sie bricht und wütet gleich dem Hammer,

> Im Wö. d. dt. Spr. v. Be. wird „Hammer" an erster Stelle definiert als „Werkzeug mit Kopf aus Stahl und Holzstiel (unter anderem zum Schlagen, Stoßen, Treiben)". – Zu „Hammer" beziehungsweise Axt schreibt Günter Harnisch: „Wie alle Waffen symbolisiert die Axt Energie und Machtstreben, vor al-

lem aber Durchsetzungswillen und ag-
gressive Triebkraft ..."
verloren alle sichre Hut.

> ➢ Nach dem Wö. d. dt. Spr. v. Be. hat
> „Hut" unter anderem die Bedeutung
> von „Schutz, Aufsicht, Obhut".

<u>28. Dezember 1958</u>

Holdes Antlitz, edles, fein,
folgst mir durch die Nacht.
Trautes Licht im Kämmerlein,
stehst uns ruhig Wacht.

Herrlich deinen Mund zu küssen,
zart bist von Gestalt,
und begehrlich will er wissen:
liebst mich oder bald?

Trautes Licht im Kämmerlein,
zartes Weib, bist mein.
Lasst vergessen alle Sorgen,
Glück für uns nun bis zum Morgen.

(Mein Kommentar dazu am 24.4.1959: Geistreich, Hormonüberschuss!)

<u>Erläuterung</u>

> ➢ Das Gedicht ist möglicherweise mithilfe der Inspiration zustande gekommen. Zum angegebenen Zeitpunkt hatte ich noch keinen intimen Kontakt zu einem Mädchen.

Holdes Antlitz, edles, fein,
folgst mir durch die Nacht.
Trautes Licht im Kämmerlein,
stehst uns ruhig Wacht.

Herrlich deinen Mund zu küssen,
zart bist von Gestalt.
Und begehrlich will er wissen:
liebst mich oder bald?

Trautes Licht im Kämmerlein,
zartes Weib, bist mein.
Lasst vergessen alle Sorgen,
Glück für uns nun bis zum Morgen.

(Mein Kommentar dazu am 24. April 1959: „Geistreich, Hormonüberschuss!" – Nach über 50 Jahren widerrufe ich diesen Kommentar und bitte um Entschuldigung.)

<u>7. Januar 1959</u>

Kehre eben von Meinerzhagen zurück, das sich meiner Anwesenheit seit Silvester 58 erfreute bzw. nicht erfreute, denn der Zug brachte uns – H. J. war mit mir – in ein durch hartnäckige Regenfälle grundlos gewordenes Dörfchen, das sich einer landschaftlichen Schönheit und des Besitzes einer in meinen Augen gefährlichen Sprungschanze durchaus rühmen darf.

Beeindruckt haben mich vor allem drei Ereignisse: Zunächst eine bisher nie gekannte Sehnsucht nach G. L., dann meine chronisch kalten und nassen „Fööt"

> *„Fööt" ist niederrheinischer Dialekt und bedeutet Füße. Nach meiner Erinnerung verwendete H. diesen Ausdruck.*

und schließlich ein schmerzhafter Kopfsprung aus meinem oberen Bett in der Jugendherberge.

> *An den Sturz aus dem Stockbett erinnere ich mich nur noch ganz blass.*

Bei dieser Gelegenheit kollidierte meine rechte Gesichtshälfte einschließlich Nase sehr unangenehm mit einem soliden Holzfußboden. Wer den Schaden hat, braucht für den Spott nicht zu sorgen – eine Lebensweisheit, die sich wieder einmal bewahrheitete.

Letzter und erster Gedanke bei der Jahreswende
war: G.

Ein Traum

Ich möchte sagen, der Schlaf ist schon wert, ein Leben zu leben. Und im Schlaf zu träumen, kann in der Unwirklichkeit oft Lebenserfüllung sein. Dass der Traum tief empfundene Ereignisse innerlicher und äußerlichen Natur, Geschehen also, die unbedingt den Träumenden berührt haben müssen, in einer fantastischen Atmosphäre neu erleben lässt, ist das Wundervolle am Schlaf. Der Schlaf verlagert dann das Leben der Wirklichkeit in jenes Erlebnis des Märchenhaften.

Die Ursache dafür, dass ich den Traum zum Mittelpunkt meiner Betrachtung mache, ist, wenn ich es auch mit einem kleinen Schuldgefühl sage, ein Traum – ein Traum, der alle vergangenen unwesentlich macht und sich selbst zum innigsten Erlebnis meiner 22 Jahre.

Es muss ein Erlebnis von wenigen Augenblicken gewesen sein, ein Erlebnis – vielleicht aus einem schon vergessenen großen herausgegriffen, während einer Klassenfahrt. Die Situation ist an sich etwas unklar. Ort der Handlung ist ein Mädchenschlafzimmer am frühen Morgen, wo sich die Klasse zwecks Verabschiedung von den Mädchen eingefunden hat. Hauptpersonen sind an sich nur zwei, eine dritte leitet den Höhepunkt ein:

Diese dritte Person heißt Geist und machte während der Unterhaltung mit G., auf mich deutend, eine zweideutige Bemerkung, die jedenfalls von einer möglichen Labilität meines Charakters ihren Ausgang nahm. Dann folgte G.'s Antwort, wörtlich: „Mein Mann lässt sich nicht missbrauchen!" Ich fragte darauf: „Wer ist dein Mann?" Als sie ganz einfach antwortete: „Du", schien sich die Welt vor meinen Augen zu drehen. Ich saß auf der Bettkante und suchte ihren Kopf in den Kissen. Meine Hände glitten durch die Fülle ihrer braunen Haare, zaghaft, unsicher. Sie war still. Ihr Gesicht lag glücklich vor mir, aufgeschlossen – verlangend. Ich fühlte die Wärme und Zartheit ihrer Haut, die Anmut ihres Gesichtes, das Verlockende ihres Mundes. Und jene gewaltige Vorstellung von früher – jene lodernde Liebe und Verehrung führten meine Lippen an die ihren – bang – zärtlich – heischend – liebend – verschmelzend. Ich fühlte mein Gefühl erwidert, jenen ängstlich leidenschaftlichen Druck, den Besitz ihres Mundes, fühlte die Form ihrer feucht-kühlen, kleinen Lippen brennend auf den meinen, ihr Wesen gleichsam in der Berührung auf mich übertragen, ausgeprägt zur höchsten Erfüllung der Vorstellung. Sie war mein. Ihr „Ja" wurde unauslöschlich in meine Seele gebrannt, mit dem Bild dieses zarten Wesens, unendlich stark im Ausdruck ihres Herzens – selbstlos – frei.

<u>Aufgliederung des Textes und Erläuterung</u>

<u>Ein Traum</u>
> Dieser Traum veranschaulicht, wie sehr ich damals G., eine Klassenkameradin vom Abendgymnasium, liebte.

Ich möchte sagen, der Schlaf ist es schon wert, ein Leben zu leben. Und im Schlaf zu träumen, kann in der Unwirklichkeit oft Lebenserfüllung sein.

Dass der Traum tief empfundene Ereignisse innerlicher und äußerlichen Natur, Geschehen also, die unbedingt den Träumenden berührt haben müssen, in einer fantastischen Atmosphäre neu erleben lässt, ist das Wundervolle am Schlaf. Der Schlaf verlagert dann das Leben der Wirklichkeit in jenes Erlebnis des Märchenhaften.
> Nach dem Inhalt und Schreibstil zu urteilen wurde dieser belehrende Kommentar sicherlich inspiriert. Auch die Schilderung des Traumes selbst ist meines Erachtens mithilfe der Inspiration zustande gekommen.

Die Ursache dafür, dass ich den Traum zum Mittelpunkt meiner Betrachtung mache, ist, wenn ich es auch mit einem kleinen Schuldgefühl sage, ein Traum – ein Traum, der alle vergangenen unwesentlich macht und sich selbst zum innigsten Erlebnis meiner 22 Jahre.

Es muss ein Erlebnis von wenigen Augenblicken gewesen sein, ein Erlebnis – vielleicht aus einem schon vergessenen großen herausgegriffen – während einer Klassenfahrt.
Die Situation ist an sich etwas unklar. Ort der Handlung ist ein Mädchenschlafzimmer am frühen Morgen, wo sich die Klasse zwecks Verabschiedung von den Mädchen eingefunden hat. Hauptpersonen sind an sich nur zwei, eine dritte leitet den Höhepunkt ein. Diese dritte Person heißt Ge.

> *Ein Klassenkamerad*

Er machte während der Unterhaltung mit G., auf mich deutend, eine zweideutige Bemerkung, die jedenfalls von einer möglichen Labilität meines Charakters ihren Ausgang nahm. Dann folgte G.'s Antwort, wörtlich: „Mein Mann lässt sich nicht missbrauchen!" Ich fragte darauf: „Wer ist dein Mann?" Als sie ganz einfach antwortete: „Du", schien sich die Welt vor meinen Augen zu drehen. Ich saß auf der Bettkante und suchte ihren Kopf in den Kissen. Meine Hände glitten durch die Fülle ihrer braunen Haare, zaghaft, unsicher. Sie war still. Ihr Gesicht lag glücklich vor mir, aufgeschlossen – verlangend. Ich fühlte die Wärme und Zartheit ihrer Haut, die Anmut ihres Gesichtes, das Verlockende ihres Mundes. Und jene gewaltige Vorstellung von früher – jene lodernde Liebe und Verehrung führten meine Lippen an die ihren – bang – zärtlich – heischend – liebend – verschmelzend. Ich fühlte mein Gefühl erwidert, jenen ängstlich leidenschaftlichen Druck, den Besitz ihres Mundes, fühlte die Form ihrer feucht-kühlen, kleinen Lippen brennend auf den meinen, ihr Wesen gleichsam in der Berührung auf mich übertragen, ausgeprägt zur höchsten Erfüllung der Vorstellung. Sie war mein. Ihr „Ja" wurde unauslöschlich in meine Seele gebrannt, mit dem Bild dieses zarten Wesens, unendlich stark im Ausdruck ihres Herzens – selbstlos – frei.

<u>9. Februar 1959 (am Rosenmontag)</u>

<u>Nach einer Karnevalsfestlichkeit bei Z.</u>
> Z. war ein Klassenkamerad vom Abendgymnasium.

Sie ist mein – oder er, der kleine Struwwelpeter. Jener Augenblick – schon vergangen und doch noch Zukunft – herz- und gedankenausfüllend in der Gegenwart – mächtig – zehrend. Gott der Liebe, ich bete Dich an – beschütze sie. Ihr Schutzengel des Schicksals, schätzt und verzeiht meinen Egoismus.
Jener Augenblick, jene Minuten des Tanzes – jene Sekunden – so ewig und schön. – Als sie bei mir war – ganz – hingegeben, zart in meinen Armen lag, spürte ich den Druck ihres Kopfes, ihrer Hände – des Herzens, die zierliche Schlankheit ihres Körpers an meinem, gleichsam in der zärtlichen Umarmung zwei Wesen eins werden.

–

Nacht.
> Die hier geäußerten Gedanken und Empfindungen zeigen, dass meine Beziehung zu G. schon von Anfang an mit Problemen belastet war.

Wer beschreibt die Pein –
des Herzens Qual
das Spiel mit heiligen Gefühlen.
Unsäglich glücklich durch die Liebe, verzweifelt –
Angst und Wehmut – Hoffnung, bist du groß –
Verbitterung – mein Flehen nur versteckt erhört.
Und diese Augen, kaum entschleiert, göttlicher
Gewalt – bezwingend und bezwungen – folgend
mir durch Stunden, Tage, Nächte in die Ewigkeit.
Oh Sieg, von garstiger Natur, machst stolz, um in
den Abgrund mich zu stürzen. Doch siegen wirst
du nicht – Sieg, ich will nicht deinen Lorbeer,
deinen Ruhm, will nur die Augen, Lippen und die
Welt.

G. oder <u>keine</u>!
Diesen Schwur leiste ich mit dem Wissen und Bewusstsein meiner 22 Jahre.

—

Trostlos und öde ist mein Leben geworden, und Pflicht, Pflicht, verdammte, hält mich. Pflicht, oh du schönes und grausames Kind des Menschen, du hast den vom Glauben entblößten Raum, die tödliche Leere, ausgefüllt. Sollst es, musst es.

Darf ich den Mord, das Elend der höheren Tiere zulassen, Kinder und Mütter schreckliche Opfer der Dummheit, des Ernstes, des sogenannten, des „Mit-beiden-Füßen-im-Leben-Stehens", der „männlichen Reife", der geistigen, werden lassen? Darf ich, der Narr, der in einer anderen Welt lebt, zusehen, wie Religionen die Menschheit morden, wie sie Vorurteile, Selbstbewusstsein und ihren Anspruch auf Wahrheit, Ursache der Persönlichkeit, in das jugendliche Herz pflanzen und dieses ach so verlangende abstumpfen, ins Leben werfen, in den Hass? – <u>Nein</u>!

<u>Aufgliederung des Textes und</u>

G. oder <u>keine</u>!
Diesen Schwur leiste ich mit dem Wissen und Bewusstsein meiner 22 Jahre.

—

Trostlos und öde ist mein Leben geworden, und Pflicht, ...

Pflicht!

... verdammte, hält mich. Pflicht, oh du schönes und grausames Kind des Menschen, du hast den vom Glauben entblößten Raum, die tödliche Leere ausgefüllt, sollst es.

Musst es!

Darf ich den Mord, das Elend der höheren Tiere zulassen, Kinder und Mütter schreckliche Opfer der Dummheit, des Ernstes, des sogenannten, des „Mit-beiden-Füßen-im-Leben-Stehens", der „männlichen Reife", der geistigen, werden lassen? Darf ich, der Narr, der in einer anderen Welt lebt, zusehen, wie Religionen die Menschheit morden, wie sie Vorurteile, Selbstbewusstsein und ihren Anspruch auf Wahrheit, Ursache der Persönlichkeit, in das jugendliche Herz pflan-

zen und dieses ach so verlangende abstumpfen,
ins Leben werfen, in den Hass?

Nein!

Deutung

> ➢ Der zweite Teil des Tagebucheintrags ist wohl mithilfe der Inspiration zustande gekommen, vor allem die fett geschriebenen Kommentare.

G. oder <u>keine</u>!
Diesen Schwur leiste ich mit dem Wissen und Bewusstsein meiner 22 Jahre.

—

Trostlos und öde ist mein Leben geworden,
> ➢ Nämlich infolge meiner damaligen Wissenschaftsgläubigkeit und der damit verbundenen Hinwendung zum Materialismus mit seiner trostlosen Lebensperspektive.

und Pflicht, ...

Pflicht!

... verdammte, hält mich. Pflicht, oh du schönes und grausames Kind des Menschen,

> Im Wörterbuch der deutschen Sprache von Bertelsmann (Wö. d. dt. Spr. v. Be.) wird „Pflicht" an erster Stelle definiert als „Dienst, Aufgabe, die erledigt werden muss".

du hast den vom Glauben entblößten Raum,

> Gemeint ist im Textzusammenhang: ... du hast den des Glaubens entblößten Raum

die tödliche Leere ausgefüllt,

> Denn: „Aber Jesus sprach zu ihm: Folge du mir und lass die Toten ihre Toten begraben!" (Matthäus 8:22). Im Wö. d. dt. Spr. v. Be. hat „Leere" an erster Stelle die Bedeutung von „das Leersein", zum Beispiel (im übertragenen Sinn) „innere Leere".

sollst es.

Musst es!

Darf ich den Mord, das Elend der höheren Tiere zulassen,

> Gemeint sind wohl die Tierversuche.

Kinder und Mütter schreckliche Opfer der Dummheit, des Ernstes, des sogenannten,

> Nämlich der Dummheit, des sogenannten „Ernstes"

des „Mit-beiden-Füßen-im-Leben-Stehens", der „männlichen Reife", der geistigen,

> Im Wö. d. dt. Spr. v. Be. hat „geistig" an erster Stelle die Bedeutung von „zum Geist gehörig, auf ihm beruhend, den Geist gebrauchend, hinsichtlich des Geistes". Im gleichen Wörterbuch hat „Geist" an erster Stelle die Bedeutung von „Bewusstsein (des Menschen), Denkkraft, Verstand".

werden lassen?

> Mütter und Kinder zum Beispiel als schreckliche Opfer der Kriege infolge des Machtstrebens vieler Männer.

Darf ich, der Narr, der in einer anderen Welt lebt, zusehen, wie Religionen die Menschheit morden,

> Nämlich im Rahmen von Religionskriegen

wie sie Vorurteile, Selbstbewusstsein und ihren Anspruch auf Wahrheit,

> Nämlich ihren Anspruch darauf, dass das, was sie lehren, richtig ist.

Ursache der Persönlichkeit,

> Im Wö. d. dt. Spr. v. Be. hat „Persönlichkeit" an erster Stelle die Bedeutung von „Gesamtheit aller Eigenschaften, Verhaltensweisen, Äußerungen eines Menschen".

in das jugendliche Herz pflanzen und dieses ach so verlangende abstumpfen, ins Leben werfen, in den Hass?

Nein!

<u>15. Februar 1959</u>

Meine Träumerei ist abgeschlossen. Schade!

<u>Aufgliederung des Textes und Erläuterung</u>

Meine Träumerei ist abgeschlossen.

> Im Wörterbuch der deutschen Sprache von Bertelsmann wird „Träumerei" definiert als „Wunschtraum, Tagtraum". Synonyme für „träumerisch" sind nach dem Duden unter anderem „entrückt, gedankenversunken, geistesabwesend, in den Wolken schwebend, traumverloren, versonnen, verträumt, selbstvergessen, weltentrückt, auf Wolke sieben, im Tran, weg[getreten]".

Schade!
> Wohl inspiriert.

Zum Teufel mit diesem „schade". In unserer Zeit werden alle nur erdenklichen Neuerungen verkauft – verkauft werden Nagelreiniger und Zigaretten – keine Ideen. – Ideen werden nicht einmal geschenkt genommen. Habe es mir abgewöhnt, salbungsvolle Eintragungen zu machen. Geschlagen werden muss die Herde und dann kopflos neu zusammengestellt werden. Das Schlagen bezieht sich hier aber nur auf den erstrebten Beweis, nicht auf mein augenblickliches Verhältnis to the man next door. Cicero sagt: man solle sein Leben ändern, wenn es notwendig wird. Bei mir fand nur eine vorläufige Schwerpunktverlagerung statt, keine Änderung im grundsätzlichen Sinne.

Verwünschter Tag heute. Streit mit G. (kein Streit). Bilder könnten als tiefere Ursache genannt werden. Brachte ihr heute Abend Aufgaben. Kalt – nass – neblig die Luft, wie mein Lebensgefühl. Wird besser.

<u>Aufgliederung des Textes und Erläuterung</u>

Zum Teufel mit diesem „Schade".

> Zurückkommend auf das Ende meines Tagebucheintrags vom 15. Februar. – „Scher dich zum Teufel, geh zum Teufel!" bedeutet nach dem Wörterbuch der deutschen Sprache von Bertelsmann (Wö. d. dt. Spr. v. Be.): „mach, dass du wegkommst (und dich nie mehr blicken lässt)!"

In unserer Zeit werden alle nur erdenklichen Neuerungen verkauft. Verkauft werden Nagelreiniger und Zigaretten – keine Ideen. Ideen werden nicht einmal geschenkt genommen.

> Im Wö. d. dt. Spr. v. Be. hat „Idee" an erster Stelle (in der Philosophie Platons) die Bedeutung von „Urform, Urbild" und an vierter Stelle von „Einfall, Gedanke". – „Etwas nicht geschenkt nehmen wollen" bedeutet nach dem Lexikon der sprichwörtlichen Redensarten „etwas ablehnen, weil man es für wertlos (unbrauchbar, geschmacklos) hält".

Habe es mir abgewöhnt, salbungsvolle Eintragungen zu machen.

> *Nach dem Wö. d. dt. Spr. v. Be. hat „salbungsvoll" die Bedeutung von „übertrieben feierlich, süßlich-feierlich".*

Geschlagen werden muss die Herde

> *Eine dumme Äußerung. – Im Wö. d. dt. Spr. v. Be. hat „Herde" an zweiter Stelle (umgangssprachlich) die Bedeutung von „Menge von Menschen (ohne eigene Initiative)" und an dritter Stelle von „Menge, Schar von Gläubigen, Gemeinde", zum Beispiel „der Pfarrer und seine Herde".*

und dann kopflos neu zusammengestellt werden.

> *Wohl mit einem Bezug zu: „Und ihr seid meine Herde; ihr Menschen seid die Schafe meiner Weide! Ich bin euer Gott, spricht Gott, der Herr." (Hesekiel 34,31)*

Das Schlagen bezieht sich hier aber nur auf den erstrebten Beweis,

> *Mit letzterem meinte ich sicherlich einen naturwissenschaftlichen Beweis. –*

Im Wö. d. dt. Spr. v. Be. hat „Beweis" an erster Stelle die Bedeutung von „Umstand, der etwas bestätigt, Tatsache, die etwas bezeugt".

nicht auf mein augenblickliches Verhältnis to the man next door. Cicero sagt, man solle sein Leben ändern, wenn es notwendig wird. Bei mir fand nur eine vorläufige Schwerpunktverlagerung statt, keine Änderung im grundsätzlichen Sinne.

—

Verwünschter Tag heute. Streit mit G.

Kein Streit! Bilder könnten als tiefere Ursache genannt werden!

> *Inhaltlich und vom Schreibstil her am ehesten inspiriert. — „Bilder jeder Art beziehen sich immer auf die Persönlichkeitsstruktur des Träumenden ..." (Günter Harnisch)*

Brachte ihr heute Abend Aufgaben.

> *Wohl vom Unterricht am Abendgymnasium.*

Kalt, nass, neblig die Luft,

➢ Gemeint ist das Wetter. – Zu Kälte bzw. Eis schreibt Günter Harnisch unter anderem: „Eis in der Traumlandschaft informiert über das Einfrieren von Beziehungen, über seelische Kälte und die Gefahr der Vereinsamung des Träumenden …" – Bezüglich Nebel heißt es beim gleichen Autor: „Wie der Nebel in der Wirklichkeit genaues Erkennen und Orientierung verhindert, so gilt er auch in der Traumsprache als Symbol für Ungewissheit, Zweifel, Unsicherheit und Sinnestäuschung." – Und zu Luft: „Sie gilt als Symbol für schöpferisches Denken und die Kräfte der Fantasie …" – „… Von jeher ist nun die Luft als das Medium des Geistes empfunden worden …" (Ernst Aeppli)
wie mein <u>Lebensgefühl</u>.

Wird besser!
➢ Wohl auch inspiriert.

> ➤ *Ein Traum, dessen Deutung vielleicht zu einem späteren Zeitpunkt erfolgt.*

Ich weiß nicht die genaue Zeit, jedenfalls Nacht – Nacht zwischen dem 22. und 23. Februar 59. Totenstille weckte mich und die Erinnerung. Das Zeugs klebte mir am Körper, das Zimmer lag in der unnatürlichen Stille eines Traumes, irgendwo schlug eine Uhr. Seltsam rund erschien mir alles. Noch jetzt, wo ich schreibe, ist die Wandlung des Natürlichen so stark. Keine Idee, kein Gegenstand direkt glaubhaft, alles schleierhaft, undurchsichtig – wogend.

Der Traum, der eigentliche Grund meiner Schreiberei, ist klarer als viele andere, in den Einzelheiten ausführlicher. Die Situation, wo er einsetzt, ist recht eigentümlich, jedenfalls nach einer karnevalistischen Veranstaltung. W. und ich sind auf dem Rückweg von Düsseldorf nach Krefeld. Am Ostwall erwarten wir zu einem anschließenden Treffen einige Klassenkameraden und G.. Mit uns müssen – verschwindenden Erinnerungen nach – noch andere Menschen von Düsseldorf gekommen sein. Das Absonderliche ist, dass ich diese Leute nicht kenne, denn ihr Verhalten mir gegenüber ist freundschaftlich. Zuvorkommend trägt man meine Tasche, weiß auf jede Reaktion von mir höflich zu erwidern. Vielleicht einem Gummituch ähnlich, dass dem zartesten Druck der Hand schmiegsam weicht.

Wir erreichen den Ostwall. Engelhaft schwebend ihre Gestalt,

> *Die Gestalt von G.*

die ich weit auf der anderen Seite der Ecke finde. Die Farbe ihres Mantels wirkt heller, der Mantel größer, dunkelgrüne Strümpfe sind schon in großer Entfernung erkennbar. Ihr Gesicht, von einem tieferen Dunkel der Haare umrahmt, leuchtend weiß, durchsichtig. Sie kommt nicht näher. Ein plötzlicher Auftrag, der, soweit meine Erinnerung reicht, die anschließende Zusammenkunft betraf, macht eine sofortige Begrüßung unmöglich. Meine Tasche fehlt. Ich steige in die <u>Drei</u> nach Uerdingen in der Absicht, an der Philadelphiastraße einige von uns abzuholen. In der Bahn sinne ich über irgendetwas mir jetzt Unbekanntes nach, finde mich plötzlich mit der Bahn an der Philadelphiastraße abfahren. Was hilft's. Die Türen sind automatisch geschlossen. An der nächsten Haltestelle ergeht es mir ähnlich.

Meine Tante (M) steht dann hinter mir. Sie ist ihrem Mann davongelaufen – Kummer. Sie will weg. Des Öfteren von mir eingeladen, den Abend mit uns zu verbringen, ist sie ganz plötzlich verschwunden.

Mittlerweile bin ich weit über meinen Bestimmungsort hinausgefahren. Endlich hält die Straßenbahn. <u>Mit</u> dem Bewusstsein, nicht bezahlt zu haben, versuche ich auszusteigen. Ein Schaffner hält mich zurück, während ein zweiter den Fang zu genießen scheint. Ich erkläre den Leuten, wie und unter welchen Umständen es zu diesem gekommen sei. Der lange Disput endet schließlich damit, dass die halb ungläubigen, halb gelangweilten Schaffner mir die geringste Strafe einräumen. Ich muss neben dem Fahrpreis 3,50 DM zusätzlich bezahlen. In der Zwischenzeit ist die Bahn wieder von Uerdingen zurück am Ostwall angelangt. Ich lege drei Mark auf den Tisch. Der Schaffner verlässt die Bahn, ohne das Geld an sich zu nehmen. G. sehe ich nur ganz kurz, ungefähr an der alten Stelle. H. J. tritt kurz in Erscheinung, irgendwelche Anweisungen auf dem Bahnsteig vor der K gebend.

> ➤ *… vor der K-Bahn gebend.*

Dann plötzlich Wechsel der Situation. Ich bin auf dem Heimweg nach einer zweiten Bahnfahrt. Um den Weg zu verkürzen, durchquere ich von St. S.

> ➤ *… durchquere ich von Station Sonnen-*
> *hof*

einen Garten, treffe dort den Besitzer mit einem großen, braunen Hund, der sich zutraulich von mir kraulen lässt. Dann kommt mir der Gedanke, das könnte dem Herrchen des Hundes nicht recht sein. Auf meine Frage bestätigt er das.

Ungefähr auf der Höhe von Krülls auf der Friedrich-Ebert-Straße verlasse ich den Garten. Ein Mann vor mir verschwindet mit dem Temperament und der tönenden Stimme eines Ziervogels, mit den roten Haaren und den Gesichtszügen eines früheren Vorgesetzten in einem heute nicht mehr vorhandenen Lebensmittelgeschäft.

Dann bin ich zu Hause – zu Hause in einem fremden Haus, stehe vor einem fremden Kühlschrank in einem fremden Zimmer. Lichteinfälle vom Kühlschrank, von angelehnten Türen und vom seltsam verzogenen Fenster geben dem Raum eine gespenstische, teils undurchsichtige Helligkeit.

<u>25. Februar 1959</u>

Heute Morgen, in den ersten Stunden, küsste ich G.. Das war der erste „reale" Kuss. Und dieser erste Kuss, dieses erste Berühren ihrer Lippen, hat mir eine Welt geschaffen, die Schönstes verspricht: ihren Besitz.
Zum ersten Mal geküsst – Lippen, die mein sein werden für immer.

<u>1. März 1959</u>

Dass ich soeben erfahre, heute 10 DM für ein Telefongespräch ausgelegt zu haben, stört mich nicht, im Gegenteil, sie waren der Anlass für einen Spaziergang durch unseren abendlichen Stadtwald und Ursache eines ganz konkreten Entschlusses: Distanz zu gewinnen zu G.. Ich mag es nicht, sich in der Vorstellung mit einem anderen zu verbinden.

> ➢ *Nach meiner Erinnerung ging es hier darum, dass G. vor ihrer Beziehung zu mir einen Freund hatte, den sie liebte, der sie aber verließ. Sie litt sehr unter der Trennung und sprach oft von ihm.*

Ich werde zukünftig ein gleichgültiges, ja abweisendes Benehmen ihr gegenüber zeigen. Trotzdem, um keine Zweifel an meiner Person aufkommen zu lassen, sage ich, dass mein Leben ein sauberes Spiel bleibt. Einmal küsste ich sie, und mein Mund wird keinen anderen mehr berühren. Nicht, dass ich mich bestätigen will, nein, mein Leben gehört ihr und den Menschen, und das Spiel soll sauber bleiben.

<u>21. März 1959</u>

Auch H.'s Frau verspricht, treu zu sein.

> H. war mein Freund. Mit „Frau" ist seine Freundin gemeint. Im Freundeskreis wurde oft über die Treue in der Beziehung gesprochen.

Altes Lied vom Lieben.

> „Davon kann ich ein Lied singen" bedeutet nach dem Wörterbuch der deutschen Sprache von Bertelsmann „das kenne ich aus eigener (unangenehmer) Erfahrung".

<u>22. März 1959</u>

H. J. bot Vertrag an, im Falle einer Heirat mit einer anderen 1000 DM zu geben.

> ➤ *H. J. war ein Klassenkamerad vom Abendgymnasium. Er bot wohl einen Vertrag an, 1000 DM zu geben, wenn er eine andere als seine Partnerin heiraten würde.*

8 x 9 ist, denken sie die Zahlen, ist, Teufel, schreien sie nicht, ist ausgezeichnet. Eine üble Figur, ihr Eifer lässt nach: Honigkuchen und Zwieback, ich vergaß mein Gewissen, zu Hause, auf der Leine: chemische Reinigung, nein, Benzin. Kolossale Wirkung, schwöre drauf – reden sie doch nicht, absoluter Stümper, der sie gewesen sein werden. Es duftete ganz ordentlich, muss schon sagen, beinahe … was denn, verfluchtes Misstrauen, sie sind doch kein Mann.

Müller, haben Sie es heute Morgen in der Zeitung gelesen? Nein? Sie Tölpel, Sie Alberner, was lesen Sie denn? Lesen Sie überhaupt? Sie scheinen Tag und Nacht zu verwechseln? Sie Fuchs, am Tag schlafen Sie, weil es – ja, ganz richtig – Spuren von Intelligenz sind nicht zu leugnen, steigern Sie, steigern Sie, stoßen Sie an – Sie Fuchs, Sie Füchsiger, am Tag, Tag, … Tag (singt):
Alle Tage wieder,
sing ich schöne Lieder,
sitz in meiner Stube,
in der alten Bude,
hör' den Kranich krähen,
kalte Winde wehen.
Tag und Nacht sich drehen,
kann ich immer sehen,

116

alle Tage wieder – – wieder.

(Verstimmt) Sie Füchslein, Sie arglistiger Füchsiger, Sie Zwerg am Berg: Dämliches Grinsen lugt durch die Blöße, am Tage schlafen Sie und, ja, ganz wie Sie wollen, stromlinienförmig mit Düsenantrieb, vorne und hinten mit Reißverschlüssen, transversal eine getrübte Mattscheibe. – Und in der Nacht …? Wie Sie ich, Sie Fuchs, am Tag schlafen Sie und in der Nacht, weil es dunkel ist, Sie Füchsiger, Träumer eines Preises. Rationieren Sie ihre Luft, das Schwein ist überführt, wissen Sie, gesalzene Vaterschaftsklage, quer gebacken. Keine Ahnung, wie schön gesagt, Komplexe, wie? Mister und Miss waren eingespannt – die Karre quietschte, aber die Pferde, stark wie, wie – wie Käse am Morgen, wie saturierter Käse am Abend – übers Maul fahren sie ihm, blödsinniges Gefasel, sinnloses, ha, sinnloses, Müller, haben Sie gehört, man hat ihn aufgehangen, wissen Sie, den Baum, die Eiche, wo, fragen Sie, ich weiß nicht, Sie Ahnungsloser, Sie Naiver, ich werde es ihnen, dir, du Schwein, vorgestern gesagt haben, du musst es ja wissen, sonst weint der Friedhof eine blutige Träne der Toten, der Illusionen, der gekuppelten Negation in der Hundehütte im Frühnebel, Alkoholdünste, was sagen Sie, Sie sind es satt, du dreifaltiger Schelm, verschleiße mit deinen Knien 80 Jahre deine Pater, und wenn du ihn verlässt, Traum,

Angst, Unsicherheit, fällst du vom Beichtstuhl
und brichst dir das Genick, oder ein morsches
Gewölbe, ein kleiner Stein erschlägt dich, der
Durchzug bringt dich oder auch, wenn Barmherzigkeit deine Augen vergoldet, zur Endstation
der. Kein Rhythmus mehr, mausetot, Dünger,
<u>deine</u> Art, he? die Art zu erhalten, Bürger, Bür-
ger, das Fressen wartet auf euch und die Liebchen der Nacht, kratzt euch nicht, nicht hebt die
Schulter,
vergangnen Augenblick genießt
man nicht
und nicht die Zukunft

Kennt ihr sie, die Geschichte, das Geschichtchen
des Mannes, des direktorischen in Zirkusluft? —
nein? interessant! Mag es nicht erzählen, verliere
Zeit und nicht, achte den nächsten Bruder, er ist
dein Mörder, kalt heute, warum steht der Ofen
nicht da, wo der Ofen steht, nimm dich in Acht,
der jüngste Tag — ist — zu — einem Brötchen gebacken dein Frühstück, oder, wenn du willst,
spielt um deinen Lippen wie oder als das lügnerische Lächeln der pulsierenden Empfindung. Sag
mir, ach und scheißiges Ich, was größer ist als das
Größte des Kleinsten. Blitze schrecken und heulende Wut kündet Verderben, da werden die
Gedanken und Vorsätze gespalten und zurück
kreucht in die Verteidigung die bedrohte Illusion

und zeigt die Zähne. Mein Name ist Bildungslücke, wie Zahnlücke, die man sowohl als auch zu verbergen sucht, aber dann in dem sprachigen Ausdruck erschreckend erscheint. Du bist ein Anhänger oder, du süßes hässliches eintönig verschiedenes Tierchen mit langen Eselsohren, zerreißenden Zähnen, lügenden Lippen und angepinselten Stierhufen oder vom Elefanten, Bürger, mordet ehrlich, zieht euch aus, im Zoo sind Ställe frei, nicht viele, große Affen schont man, sind Mangelware, Menschen kommen an die Wand, was sagen sie, wiederum gelang es, ein Gorillababy zur Welt zu bringen, toller Erfolg, gebührend gefeiert, Filmstar im Affenpelz reißt tausend weniger fünf mal sechs geteilt durch Großvater und Enkel der 27. Generation zum Gehege, das da ist und gewesen ist und gewesen ist – ich möchte mein Mädchen und drei Küsse – und gewesen sein wird. Da gibt es viele Stäbe aus Eisen und einen warmen Schneesturm, der die Menschen durstig macht. Stellt euch vor, ich denke, dachte, habe, hatte gedacht das Gedachte des Gedankens gedankenvoll dankbar – das Kreuz ist eine Schuhbürste, die den Sich-Bürstenden eitel macht, das Kreuz ist aber auch, ist aber auch, ist aber nicht auch gewesen sein wird das tolle Geflüster einer Pappel, die eine Natur bewegt – dynamisch, denn Dynamik ist Empirie und Empirie der Mist, auf dem die Seele wächst. Das Kreuz ist ein Nachtschlüssel, der komisch gebogene Draht, lächerlich, lachhaft, des unliebsamen Arbeitnehmers, es erschließt das Verborgenste. Ganz richtig, mein Lieber, manchmal, dieser gereift liebevoll verklärte Blick ihrer Hühneraugen, ganz richtig, die Seele mit Überschall stinkt verwesend, ganz richtig, das böse Maul des Unterdrückten ist größer als der Bundeskanzler. Sie, Herr Richter, werden angeklagt, angeklagt, ja, Störenfried oder Friedensstörer, konfus zu denken. Ihre Lage ist radikal peinlich, ihr Stuhlgang korrupt. Dreimal täglich servieren sie Schinken, fünfmal Küsse und dazwischen mit Nonsens gekoppelten Unsinn. Ihr Stuhl steht falsch, falsch sage ich, drehen sie ihn, zeigen sie der Menge ihren Arsch und sie wird zufrieden zerfließen, mit Behagen leben und in der Bestätigung ihres Daseins aufblühen: ihr Mörder der gerechten Sache publiziert ohne Ende Schäferstündchen und angebrannte Suppen. Denkt an was, an irgendwas, das rund ist, denkt an einen Teller, einen Stein, einen Schädel, denkt an das runde Quadrat und die Vergänglichkeit. Es fahren Autos auf der Straße, und die Luft hier innen ist warm und draußen kalt, obwohl die Sonne scheint und der Winter bald anfängt, denke ich manchmal an Regen, wenn die Natur weint, sie weint nicht, sie weint, sie weint die Tragik eines verzogenen Menschen, der, der, der verzogenen Menschen, und die Sonne, der Mond täuscht viele, hat alle getäuscht bis eines Tages für nichts als die Sicherheit der Fragenden er sich verdunkelte. Verführerisch winken sie, und ihre Pinseln und Paletten winken und die Bärte und doch sie negieren den Augenblick und tun nichts anderes als alle, sie suchen Zufriedenheit und verkennen ihr Wesen, sie glauben und kämpfen ihn nieder, den Glauben, den sie nicht kennen. Entmutigt am Sinn fühlen sie die Schärfe, Bedrohung der humanen Idee und verschanzen sich. Nicht Überwindung, nein, kämpfende Abwehr färbt ihren Alltag, den Alltag, den Alltag, ich weiß nicht, den Alltag, durchpfiffen von nützlichem Geschwätz. Sage ich Stein oder Hering, die Menschen hören, sie hören verschieden, die einen, die gehen, die anderen, die schlagen und andere ergötzen sich am bestätigenden Wort. Was ich will, sie hören? Du hörst, dich hören wollen, mich sagen sprechen, ihm gehen laufen, da seh ich sie grinsen, ein dreckiges Grinsen, den grinsenden Krieg, da seh ich sie grinsen, die mutvoll zerstören, zertreten den den Wurm, obwohl sie gesättigt. Wo ist ein Kläger, wo ist der Verbrecher, wenn beide sind nur kausal. Bewusstsein der Relation, du kannst nur empfinden dich selbst und das Zimmer, in dem du lachst. Die Kippe, (die) den Rauch empfinden macht, keine Angst, die Welt lebt ohne dich, halte das Maul oder reiß es auf, wenn du Lust hast, oder die Tür, wenn die Luft dir fehlt.

<u>Aufgliederung des Textes</u>

8 x 9 ist?

Denken Sie die Zahlen?

Ist?

Teufel, schreien Sie nicht!

Ist ausgezeichnet!

Eine üble Figur.

Ihr Eifer lässt nach!

Honigkuchen und Zwieback, ich vergaß mein Gewissen. Zu Hause auf der Leine, chemische Reinigung – nein, Benzin. Kolossale Wirkung, schwöre drauf!

Reden Sie doch nicht, absoluter Stümper, der Sie gewesen sein werden!

Es duftete ganz ordentlich, muss schon sagen, beinahe …

Was denn?

Verfluchtes Misstrauen! Sie sind doch kein Mann!

–

Müller, haben Sie es heute Morgen in der Zeitung gelesen? – Nein? – Sie Tölpel, Sie Alberner, was lesen Sie denn? Lesen Sie überhaupt? Sie scheinen Tag und Nacht zu verwechseln? Sie Fuchs, am Tag schlafen Sie ...

Weil es ...

ja, ganz richtig, Spuren von Intelligenz sind nicht zu leugnen. Steigern Sie, steigern Sie, stoßen Sie an – Sie Fuchs, Sie Fuchsiger, am Tag ...

Tag?

Tag! (Singt):

**Alle Tage wieder,
sing ich schöne Lieder,
sitz in meiner Stube,
in der alten Bude,
hör den Kranich krähen:
„Kalte Winde wehen.“
Tag und Nacht sich drehen,**

kann ich immer sehen,
alle Tage wieder..

(Wieder, verstimmt:) *Sie Füchslein, Sie arglisti-*
ger Fuchsiger, Sie Zwerg am Berg: dämliches
Grinsen lugt durch die Blöße. Am Tage schlafen
Sie.

Und ?

Ja, ganz wie Sie wollen: stromlinienförmig mit
Düsenantrieb, vorne und hinten mit Reißver-
schlüssen, transversal eine getrübte Mattschei-
be.

Und in der Nacht?

Wie Sie ich, Sie Fuchs! Am Tag schlafen Sie, und
in der Nacht, weil es dunkel ist, Sie Fuchsiger,
Träumer eines Preises, rationieren Sie Ihre Luft!
Das Schwein ist überführt, wissen Sie, gesalzene
Vaterschaftsklage, quer gebacken!

Keine Ahnung

Wie schön gesagt! – Komplexe, wie? Mister und
Miss waren eingespannt – die Karre quietschte,
aber die Pferde, stark wie ...

Wie?

Wie Käse am Morgen, wie saturierter Käse am Abend! – Übers Maul fahren sie ihm, blödsinniges Gefasel, sinnloses, ha, sinnloses, Müller! Haben Sie gehört, man hat ihn aufgehangen! Wissen Sie, den Baum, die Eiche! „Wo", fragen Sie?

Ich weiß nicht.

Sie Ahnungsloser, Sie Naiver, ich werde es Ihnen, dir, du Schwein, vorgestern gesagt haben. Du musst es ja wissen, sonst weint der Friedhof eine blutige Träne der Toten, der Illusionen, der gekuppelten Negation. In der Hundehütte im Frühnebel Alkoholdünste! Was sagen Sie, Sie sind es satt? Du dreifaltiger Schelm, verschleiße mit deinen Knien 80 Jahre deine Pater. Und wenn du ihn verlässt – Traum, Angst, Unsicherheit – fällst du vom Beichtstuhl und brichst dir das Genick, oder ein morsches Gewölbe, ein kleiner Stein erschlägt dich, der Durchzug bringt dich – oder auch, wenn Barmherzigkeit deine Augen vergoldet – zur Endstation der … – Kein Rhythmus mehr, mausetot, Dünger! <u>Deine</u> Art, he, die Art zu erhalten?!
Bürger, Bürger, das Fressen wartet auf euch und die Liebchen der Nacht!
Kratzt euch nicht,
nicht hebt die Schulter,

vergangenen Augenblick genießt man nicht und nicht die Zukunft!

Kennt Ihr sie, die Geschichte, das Geschichtchen des Mannes, des direktorischen in Zirkusluft? – Nein? Interessant! Mag es nicht erzählen, verliere Zeit und nicht. Achte den Nächsten, Bruder! Er ist dein Mörder!

Kalt heute.

Warum steht der Ofen nicht da, wo der Ofen steht? Nimm dich in Acht, der jüngste Tag – ist – zu – einem Brötchen gebacken dein Frühstück, oder, wenn du willst, spielt um deinen Lippen, wie oder als, das lügnerische Lächeln der pulsierenden Empfindung!

Sag mir, ach und scheißiges Ich, was größer ist als das Größte des Kleinsten!

Blitze schrecken und heulende Wut kündet Verderben. Da werden die Gedanken und Vorsätze gespalten, und zurück kreucht in die Verteidigung die bedrohte Illusion und zeigt die Zähne. Mein Name ist Bildungslücke, wie Zahnlücke, die man, sowohl als auch, zu verbergen sucht, aber dann in dem sprachigen Ausdruck erschreckend erscheint.

Du bist ein Anhänger oder – du süßes, hässliches, eintönig verschiedenes Tierchen mit langen Eselsohren, zerreißenden Zähnen, lügenden Lippen und angepinselten Stierhufen – oder vom Elefanten.

Bürger, mordet ehrlich! Zieht euch aus, im Zoo sind Ställe frei, nicht viele! Große Affen schont man, sind Mangelware, Menschen kommen an die Wand.
Was sagen Sie? Wiederum gelang es, ein Gorillababy zur Welt zu bringen?! Toller Erfolg, gebührend gefeiert! Filmstar im Affenpelz reißt tausend weniger fünf mal sechs geteilt durch Großvater und Enkel der 27. Generation zum Gehege, das da ist und gewesen ist und gewesen ist ...

Ich möchte mein Mädchen und drei Küsse!

... und gewesen sein wird. Da gibt es viele Stäbe aus Eisen und einen warmen Schneesturm, der die Menschen durstig macht.

Stellt euch vor, ich denke, dachte, habe, hatte gedacht das Gedachte des Gedankens gedankenvoll dankbar: Das Kreuz ist eine Schuhbürste, die den sich Bürstenden eitel macht. Das Kreuz ist aber auch...

Ist aber auch?

… ist aber nicht auch gewesen sein wird das tolle Geflüster einer Pappel, die eine Natur bewegt – dynamisch, denn Dynamik ist Empirie und Empirie der Mist, auf dem die Seele wächst. Das Kreuz ist ein Nachtschlüssel …

Der komisch gebogene Draht – lächerlich, lachhaft! – des unliebsamen Arbeitnehmers?

… es erschließt das Verborgenste!

Ganz richtig, mein Lieber, manchmal. Dieser gereift liebevoll verklärte Blick ihrer Hühneraugen, ganz richtig. Die Seele mit Überschall stinkt verwesend, ganz richtig. Das böse Maul des Unterdrückten ist größer als der Bundeskanzler. Sie, Herr Richter, werden angeklagt …

Angeklagt?

Ja, Störenfried oder Friedensstörer, konfus zu denken. Ihre Lage ist radikal peinlich, Ihr Stuhlgang korrupt. Dreimal täglich servieren Sie Schinken, fünfmal Küsse und dazwischen mit Nonsens gekoppelten Unsinn. Ihr Stuhl steht falsch – falsch sage ich, drehen Sie ihn, zeigen Sie der Menge Ihren Arsch, und sie wird zufrieden zerfließen, mit Behagen leben und in der

Bestätigung ihres Daseins aufblühen. Ihr Mörder der gerechten Sache publiziert ohne Ende Schäferstündchen und angebrannte Suppen. Denkt an was, n irgendwas, das rund ist, denkt an einen Teller, einen Stein, einen Schädel, denkt an das runde Quadrat und die Vergänglichkeit!

—

Es fahren Autos auf der Straße, und die Luft hier innen ist warm und draußen kalt. Obwohl die Sonne scheint und der Winter bald anfängt, denke ich manchmal an Regen, wenn die Natur weint …

Sie weint nicht!

Sie weint, sie (be)weint die Tragik eines verzogenen Menschen, der …

Der?

Der verzogenen Menschen!

Und die Sonne?

Der Mond täuscht viele, hat alle getäuscht, bis eines Tages für nichts als die Sicherheit der Fragenden er sich verdunkelte. Verführerisch winken sie, und ihre Pinsel und Paletten winken und die Bärte. Und doch, sie negieren den Augenblick und tun nichts anderes als alle: sie suchen Zufriedenheit und verkennen ihr Wesen, sie glauben und kämpfen ihn nieder, den Glauben, den sie nicht kennen. Entmutigt am Sinn fühlen sie die Schärfe, Bedrohung der humanen Idee, und verschanzen sich. Nicht Überwindung, nein, kämpfende Abwehr färbt ihren Alltag ...

Den Alltag!

Den Alltag? – ich weiß nicht – den Alltag, durchpfiffen von nützlichem Geschwätz. Sage ich Stein oder Hering, die Menschen hören, sie hören verschieden: Die einen, die gehen, die anderen, die schlagen, und andere ergötzen sich am bestätigenden Wort.
Was ich will, sie hören? Du hörst, Dich hören wollen, mich sagen, sprechen, ihm gehen laufen ... –

Da seh ich sie grinsen, ein dreckiges Grinsen, den grinsenden Krieg. Da seh ich sie grinsen, die mutvoll zerstören, zertreten den – den Wurm, obwohl sie gesättigt. Wo ist ein Kläger, wo ist der Verbrecher, wenn beide sind nur kausal?

Bewusstsein der Relation!

Du kannst nur empfinden dich selbst und das Zimmer, in dem du lachst, die Kippe, (die) den Rauch empfinden macht. Keine Angst, die Welt lebt ohne dich. Halte das Maul oder reiß es auf, wenn du Lust hast, oder die Tür, wenn die Luft dir fehlt.

<u>Deutung</u>

> Tagebucheintrag inspiriert. Er besteht aus drei Teilen, in welchen sich innere Stimmen zu Wort melden. Die häufigste von ihnen, eine heftig kritisierende, bezeichne ich an einer Textstelle mit mein „scheißiges Ich". In allen Teilen sind die Beiträge meiner Gesprächspartner fett geschrieben. Ich habe versucht, diese soweit wie möglich herauszuarbeiten. Bei einigen Aussagen bleibt aber eine gewisse Unsicherheit bestehen, weil die Bemerkungen der Gesprächspartner zum Teil meine eigenen Denkinhalte ausdrücken. Die im gesamten Text verwendete Symbolik war mir 1959 weitgehend unbekannt.

8 x 9 ist?

Denken Sie die Zahlen?

> Im Textzusammenhang zu verstehen im Sinne von: Meinen Sie die Acht und die Neun als bloße Zahlen?

Ist?

Teufel, schreien Sie nicht!

Ist ausgezeichnet!

> Nämlich „Teufel, schreien Sie nicht!" auf mich selbst bezogen, und zwar bei meinen Eintragungen ins Tagebuch. — „Für Menschen, die mit einer übertriebenen puritanischen Moral alles Natürliche verteufeln, kann der Teufel im Traum ein Signal bedeuten, das Naturhafte stärker zu akzeptieren. Einem verstandesbesessenen Träumenden signalisiert das Traumbewusstsein manchmal mit dem archetypischen Bild des Teufels das Teuflische, das jedem einseitig intellektuellen Denken innewohnt." (Günter Harnisch)

Eine üble Figur.

> Im Wörterbuch der deutschen Sprache von Bertelsmann (Wö. d. dt. Spr. v. Be.) hat „Figur" an vierter Stelle die Bedeutung von „Person in einem literarischen Werk".

Ihr Eifer lässt nach!

> Denn seit meinem letzten Tagebucheintrag waren acht Monate vergangen. – Zur „Neun" schreibt Günter Harnisch unter anderem: „In der Zahlensymbolik hat die Neun – wie alle ungeraden Zahlen – einen männlichen Aspekt. Sie symbolisiert potenzierte – drei mal drei – psychische Energie ..."

Honigkuchen und Zwieback,

> „Als Traumbild nimmt Honig eine besondere Stellung unter den Nahrungsmitteln ein. Wer Bienenhonig erntet, erwirbt oder isst, der gewinnt körperliche und psychische Energie. Er stärkt seine Gesundheit und sein Gemeinschaftsgefühl und entfaltet seine Per-

sönlichkeit." (Günter Harnisch). – Zu „Kuchen" heißt es beim gleichen Autor: „Dieses Traumbild weist auf verfeinerte, seelische, geistige oder körperliche Bedürfnisse hin." – Im Wö. d. dt. Spr. v. Be. wird „Zwieback" definiert als „zweimal gebackenes, trockenes, hartes Dauergebäck in Scheiben (aus Weizenmehl und Milch)".

ich vergaß mein Gewissen.

> Im Wö. d. dt. Spr. v. Be. wird „Gewissen" definiert als „Bewusstsein von Gut und Böse (des eigenen Tuns)".

Zu Hause auf der Leine,

> Also wie meine Wäsche bzw. Kleidung. – „Die Kleider im Traum beziehen sich auf die vom Unbewussten her beeinflusste Persönlichkeit, wie sie sich gegenüber der Umwelt darstellt. Die Art der Kleidung im Traum, ihr Zustand, ihre Farbe, ihre Zweckmäßigkeit für bestimmte im Traum vorkommende Handlungen ergeben eine Fülle möglicher Deutungen, die meist verhältnismäßig leicht ver-

ständlich sind, wenn man sie mit entsprechenden realen Situationen vergleicht." (Günter Harnisch)
chemische Reinigung – nein, Benzin.

> Mit letzterem ist wohl Waschbenzin gemeint. – „Als Traumsymbol weist Benzin meist auf körperliche und seelische Energie hin …" (Günter Harnisch)

Kolossale Wirkung, schwöre drauf.

> Im Wö. d. dt. Spr. v. Be. hat „kolossal" an zweiter Stelle (umgangssprachlich) die Bedeutung von „sehr, ungeheuer". – „Auf etwas schwören" bedeutet nach dem gleichen Wörterbuch an zweiter Stelle „fest an die Wirkung von etwas glauben, von der Wirkung von etwas überzeugt sein", zum Beispiel „ich schwöre auf dieses Mittel".

Reden Sie doch nicht, absoluter Stümper, der Sie gewesen sein werden!

> Im Wö. d. dt. Spr. v. Be. wird „Stümper" definiert als „Nichtskönner, Pfuscher, jemand, der von seinem Fach nichts versteht".

Es duftete ganz ordentlich,

> „Es stinkt", auch: „Hier stinkt es" be-
> deutet nach dem Lexikon der sprich-
> wörtlichen Redensarten „etwas ist nicht
> in Ordnung, eine Sache erscheint ver-
> dächtig ..."

muss schon sagen,

> Wohl auch als Hinweis darauf zu verste-
> hen, dass ich als Schreibender, nämlich
> als Schreibmedium, das „sagen muss".

beinahe ...

Was denn?

Verfluchtes Misstrauen!

> Im Wö. d. dt. Spr. v. Be. wird „Miss-
> trauen" definiert als „Mangel an Ver-
> trauen, an Zutrauen".

Sie sind doch kein Mann!

> Nämlich der „duften" könnte.

—

**Müller, haben Sie es heute Morgen in der Zei-
tung gelesen? –**

> Hier – und in meinem Tagebucheintrag
> vom 27.11.1960 – werde ich, mir

damals aber nicht bewusst, von einer mich kritisierenden inneren Stimme mit „Müller" angeredet. – Im Wö. d. dt. Spr. v. Be. wird „Müller" definiert als „jemand, der berufsmäßig in der Müllerei arbeitet". – „Jemanden durch die Mühle drehen" bedeutet nach dem gleichen Wörterbuch umgangssprachlich „jemanden in Bedrängnis bringen, jemanden energisch, hart anpacken, streng prüfen". – Zu Zeitung schreibt Günter Harnisch unter anderem: „In der Traumsprache übermittelt sie dem Träumenden meist wichtige Nachrichten. Entscheidend ist der Inhalt der Zeitungsmeldung. So können sich Warnungen vor Gefahren mitteilen, auf die der Träumende achten soll ..."

Nein? –

> Nach meiner Erinnerung las ich zu dieser Zeit morgens keine Zeitung.

Sie Tölpel, Sie Alberner, was lesen Sie denn? Lesen Sie überhaupt?

> Ich las damals meist nur Fachliteratur.

Sie scheinen Tag und Nacht zu verwechseln?

> Fürs Studium arbeitete ich mehr abends und oft bis in die Nacht. Auch meine Tagebucheintragungen machte ich meist zu diesen Zeiten.

Sie Fuchs,

> Im Wö. d. dt. Spr. v. Be. hat „Fuchs" an dritter Stelle (im übertragenen Sinn) die Bedeutung von „schlauer, gewiegter Kerl". Im gleichen Wörterbuch hat „gewiegt" die Bedeutung von „erfahren, alle Möglichkeiten und Feinheiten kennend". – „Tiere verkörpern im Traum die Naturseite des Menschen. Sie vertreten gleichsam die Instinkte und Ahnungen. Menschliche Eigenschaften werden in Sprache und Literatur – in den Fabeln und Comics – durch Tiere und Tierverhaltensweisen dargestellt. Soweit es sich bei einzelnen Tieren um archetypische Symbole handelt, sind sie unter dem jeweiligen Stichwort beschrieben." (Günter Harnisch). –– „Als Traumsymbol verkörpert der Fuchs Lebensklugheit, Geschicklichkeit, Berech-

nung und Verschlagenheit …" (Günter Harnisch)

am Tag schlafen Sie …

> Nämlich oft während des Studiums. Meist fühlte ich mich abends wohler als am Tag und lernte und schrieb bis in die Nacht. Hinzu kamen etwas später meine häufigen Nachtdienste im Krankenhaus.

Weil es …

Ja, ganz richtig, Spuren von Intelligenz sind nicht zu leugnen. Steigern Sie, steigern Sie, stoßen Sie an –

> Synonyme für „anstoßen" sind nach dem Duden unter anderem „anregen, bewegen den Anstoß/Impuls geben in die Wege leiten, in Gang bringen, veranlassen".

Sie Fuchs, Sie Fuchsiger,

> Nach dem Wö. d. dt. Spr. v. Be. hat „fuchsig" umgangssprachlich die Bedeutung von „sehr erbost".

am Tag …

Tag?

Tag! (Singt):
Alle Tage wieder,
sing ich schöne Lieder,

> ➢ „Ich kann ein Lied davon singen" be
> deutet nach dem Lexikon der sprich
> wörtlichen Redensarten „ich kann da
> von aus eigener (schlimmer) Erfahrung
> berichten". – Im Wö. d. dt. Spr. v. Be.
> hat „schön" an dritter Stelle die Be
> deutung von „verdienstvoll, lobenswert"
> und an neunter Stelle (umgangssprach
> lich, ironisch) von „unschön, unerfreu
> lich".

sitz in meiner Stube,
in der alten Bude,
hör den Kranich krähen:

> ➢ „... Die Vögel sind vor allem Luftwesen.
> Von jeher ist nun die Luft als das Medi
> um des Geistes empfunden worden.
> Damit sind auch die Vögel geistige We
> sen, ähnlich den Gedanken ..." (Ernst
> Aeppli). – Zu „Kranich" schreibt Gün
> ter Harnisch: „Dieses Symbol weist auf

Zufriedenheit, Ausgeglichenheit und Weisheit oder auf das Verlangen nach diesen Eigenschaften hin".

„Kalte Winde wehen."

> Im Wö. d. dt. Spr. v. Be. hat „kalt" an zweiter Stelle (im übertragenen Sinn) die Bedeutung von „ohne Gefühl, ohne Erregung, gleichmütig, gleichgültig". — „... Oft ist der Wind Hinweis auf starke geistige Energien ..." (Günter Harnisch). — In meinen inspirierten Tagebucheintragungen symbolisiert der Wind meist den Gedankenaustausch im Rahmen einer Inspiration bzw. des automatischen Schreibens.

**Tag und Nacht sich drehen,
kann ich immer sehen,
alle Tage wieder.**

> Ich war oft bis nach Mitternacht auf.

(Wieder, verstimmt:) **Sie Füchslein, Sie arglistiger Fuchsiger, Sie Zwerg am Berg:**

> Synonyme für „Zwerg" sind nach Woxikon unter anderem „Kleinkind, Knirps, Knabe". — „Wer auf dem Gipfel

eines Berges steht, hat einen Überblick über die Umgebung. Tempel, Kirchen und Burgen baute man früher auf Bergen. Diese Lage hob die besondere Bedeutung der Gebäude hervor. Im Traum deutet der Weg auf einen Berg auf die Annäherung an ein wichtiges Problem hin. Hindernisse und Mühen auf dem Weg symbolisieren die entsprechenden Schwierigkeiten in der Wirklichkeit …‘‘ (Günter Harnisch). – Und bei Georg Fink heißt es zu „Berg‘‘ unter anderem: „Er deutet auf Probleme hin, die vor uns aufragen …‘‘

dämliches Grinsen lugt durch die Blöße.

> Im Wö. d. dt. Spr. v. Be. hat „Blöße‘‘ an vierter Stelle (im übertragenen Sinn) die Bedeutung von „schwache Stelle, Schwäche‘‘, zum Beispiel „ich will mir keine Blöße geben‘‘.

Am Tage schlafen Sie.

Und?

Ja, ganz wie Sie wollen: stromlinienförmig mit Düsenantrieb,

> Stromlinienform und Düsenantrieb haben Flugzeug und Rakete. Zu Flugzeug heißt es bei Günter Harnisch unter anderem: „„... Das Flugzeug kann im Traum als Übermittler weitreichender Gedanken und Ideen auftauchen oder allgemein auf einen Freiheitsdrang hinweisen ...“ Und zu Rakete: „Die Rakete kann in der Traumsprache Ausdruck kühnen Gedankenflugs sein ...“

vorne und hinten mit Reißverschlüssen,

> Wohl mit Reißverschlüssen an Kleidung und Bettzeug. – Ein Synonym für „reißen“ ist nach dem Duden unter anderem „„aufreißen“.

transversal eine getrübte Mattscheibe.

> Nach dem Wö. d. dt. Spr. v. Be. hat „transversal“ die Bedeutung von „quer zur Längsachse, senkrecht zur Ausbreitungsrichtung (verlaufend)“. – Im gleichen Wörterbuch hat „Mattscheibe“ an zweiter Stelle (im übertragenen Sinn) die Bedeutung von vorübergehende

Trägheit im Denken, Mangel an Auf-
nahmefähigkeit".

Und in der Nacht?

Wie Sie ich,

> Im Textzusammenhang (siehe obiges Lied) ein Hinweis darauf, dass „Sie" und „ich" eins sind.

Sie Fuchs! Am Tag schlafen Sie,

> Im Wö. d. dt. Spr. v. Be. hat „Tag" an zweiter Stelle die Bedeutung von „Zeitraum vom Sonnenaufgang bis Sonnenuntergang".

und in der Nacht, weil es dunkel ist,

> . – Im Wö. d. dt. Spr. v. Be. hat „dunkel" an erster Stelle die Bedeutung von „ohne Licht, finster".

Sie Fuchsiger, Träumer eines Preises,

> „Von etwas träumen" hat nach dem Wö. d. dt. Spr. v. Be. (im übertragenen Sinn) unter andderem die Bedeutung von „sich etwas sehr wünschen".

rationieren Sie Ihre Luft!

> Nach dem Wö. d. dt. Spr. v. Be. hat „rationieren" die Bedeutung von „in

Rationen einteilen, in begrenzten Mengen verteilen, ausgeben", zum Beispiel „Lebensmittel rationieren". – Zu „Luft" schreibt Günter Harnisch unter anderem: „Sie gilt als Symbol für schöpferisches Denken und die Kräfte der Fantasie …" – „… Von jeher ist nun die Luft als das Medium des Geistes empfunden worden …" (Ernst Aeppli)

Das Schwein ist überführt,

> „Tiere verkörpern im Traum die Naturseite des Menschen. Sie vertreten gleichsam die Instinkte und Ahnungen. Menschliche Eigenschaften werden in Sprache und Literatur – in den Fabeln und Comics – durch Tiere und Tierverhaltensweisen dargestellt. Soweit es sich bei einzelnen Tieren um archetypische Symbole handelt, sind sie unter dem jeweiligen Stichwort beschrieben." (Günter Harnisch). – „Das Schwein kann die aus dem Alltag bekannte Bedeutung als Glückssymbol manchmal auch im Traum haben. Es kann aber

auch die natürliche Geschlechtlichkeit der Menschen, Zeugungsvorgänge und weibliche Fruchtbarkeit darstellen ..." (Günter Harnisch). – „Jemanden einer Sache überführen" bedeutet nach dem Wö. d. dt. Spr. v. Be. „jemandem eine Sache nachweisen".

wissen Sie, gesalzene Vaterschaftsklage,

> Im Wö. d. dt. Spr. v. Be. hat „gesalzen" (umgangssprachlich) die Bedeutung von „ziemlich hoch", zum Beispiel „eine gesalzene Rechnung; gesalzene Preise". – Im gleichen Wörterbuch wird „Vaterschaftsklage" definiert als „Klage auf Feststellung der Vaterschaft".

quer gebacken!

> Im Wö. d. dt. Spr. v. Be. hat „quer" an zweiter Stelle (im übertragenen Sinn) die Bedeutung von „störend, verquer". – Ein Synonym für „backen" ist nach Thesaurus unter anderem „zubereiten".

Keine Ahnung.

> Keine Ahnung, wovon Sie reden. (Denn meinen ersten Geschlechtsverkehr hatte ich erst vier Jahre später.)

Wie schön gesagt! – Komplexe, wie?

> Synonyme für „Komplex" sind nach dem Duden unter anderem „Befangenheit, Gehemmtheit, Hemmungen, Schüchternheit, Unsicherheit, Verklemmtheit".

Mister und Miss waren eingespannt –

> Eingespannt in einer partnerschaftlichen Beziehung zu einer Klassenkameradin, meiner ersten großen Liebe.

die Karre quietschte,

> Im Wö. d. dt. Spr. v. Be. hat „Karre" an dritter Stelle (umgangssprachlich) die Bedeutung von „altes, schlechtes Fahrzeug".

aber die Pferde,

> „… In den antiken Mythen, Sagen und Märchen verkörpert das Pferd biologische Lebenskraft. Der Hengst mit seiner Kraft und Schnelligkeit gilt als Symbol männlicher Vitalität und Potenz. Die

Stute gilt als Muttersymbol ..." (Günter Harnisch)

stark wie ...

Wie?

Wie Käse am Morgen,
> ➤ Im Wö. d. dt. Spr. v. Be. hat „Käse" an zweiter Stelle (umgangssprachlich) die Bedeutung von „dummes Zeug", zum Beispiel: „das ist ja alles Käse!"

wie saturierter Käse am Abend! –
> ➤ Synonyme für „saturiert" sind nach Thesaurus unter anderem „satt, gesättigt".

Übers Maul fahren sie ihm,
> ➤ Nämlich die Kritiker dieses Textes mir, der ihn geschrieben und veröffentlicht hat. – „Jemandem übers Maul fahren" bedeutet nach dem Lexikon der sprichwörtlichen Redensarten „ihn wegen einer Äußerung scharf zurechtweisen".

blödsinniges Gefasel, sinnloses,
> ➤ Als Kommentar zukünftiger Kritiker meiner Tagebuchtexte

ha, sinnloses, Müller!

> Denn „blödsinniges Gefasel" und „sinn-
loses" widersprechen sich. Ohne das
Vorhandensein eines „Sinnes" gibt es
kein „blödsinniges Gefasel".

Haben Sie gehört, man hat ihn aufgehangen!

> Nämlich, im Textzusammenhang, den
„Sinn". Im Tagebuch steht „aufgehan-
gen", in der Standardsprache richtig
(Duden) ist „aufgehängt".

Wissen Sie, den Baum, die Eiche!

> Gemeint ist Jesus. – „Der Baum ist ein
archetypisches Symbol des Lebens, wie
es sich in den Begriffen Lebensbaum
und Stammbaum niederschlägt ..."
(Günter Harnisch). – „Bei den Kelten
und bei den Germanen galt die Eiche
als heiliger Baum. Wegen ihres kraftvol-
len Wuchses und der Härte ihres Holzes
gilt sie seit alter Zeit als Symbol für
männliche Kraft und Stärke ..." (Günter
Harnisch)

„Wo", fragen Sie?

Ich weiß nicht.

Sie Ahnungsloser, Sie Naiver, ich werde es Ihnen, dir, du Schwein,

> ➤ Wohl mit einem Bezug zur obigen Textstelle: „Das Schwein ist überführt". – „Tiere verkörpern im Traum die Naturseite des Menschen. Sie vertreten gleichsam die Instinkte und Ahnungen. Menschliche Eigenschaften werden in Sprache und Literatur – in den Fabeln und Comics – durch Tiere und Tierverhaltensweisen dargestellt ..." (Günter Harnisch). – „Das Schwein kann die aus dem Alltag bekannte Bedeutung als Glückssymbol manchmal auch im Traum haben. Es kann aber auch die natürliche Geschlechtlichkeit der Menschen, Zeugungsvorgänge und weibliche Fruchtbarkeit darstellen ..." (Günter Harnisch)

vorgestern gesagt haben.

> ➤ In Verbindung mit „ich werde es Ihnen" zu beziehen auf die Zeit der Deutung dieses Tagebucheintrags über 60 Jahre später, denn ein Synonym für „vorges-

tern" ist nach Thesaurus unter anderem „damals".

Du musst es ja wissen,

> Nämlich um es der Öffentlichkeit mitteilen zu können.

sonst weint der Friedhof eine blutige Träne der Toten,

> Wohl zu verstehen im Sinne von: sonst weinen die geistig Toten am Grab ihrer Verstorbenen aus dem Herzen kommende Tränen – Denn: „Aber Jesus sprach zu ihm: Folge du mir und lass die Toten ihre Toten begraben!" (Matthäus 8:22)

der Illusionen,

> Im Wö. d. dt. Spr. v. Be. hat „Illusion" an erster Stelle die Bedeutung von „Selbsttäuschung, trügerische Hoffnung oder Vorstellung", an zweiter Stelle von „trügerische Wahrnehmung" und an dritter Stelle von „Vortäuschung eines Wirklichkeitseindrucks".

der gekuppelten Negation.

> der damit verbundenen Negation einer geistigen Existenz. – Synonyme für

„kuppeln" sind nach dem Duden unter anderem „aneinanderfügen, kombinieren, verbinden".

In der Hundehütte

> „Tiere verkörpern im Traum die Naturseite des Menschen. Sie vertreten gleichsam die Instinkte und Ahnungen ..." (Günter Harnisch). — „Der Hund kommt im Traum in zweifacher Symbolbedeutung vor: Er gilt als Wächter für den Besitz des Menschen, als Schutz gegen Angriffe und als treuer Freund. Er kann aber auch Symbol für Aggressionen darstellen." (Günter Harnisch). — Im Wö. d. dt. Spr. v. Be. wird „Hütte" an erster Stelle definiert als eine „einfache Behausung (meist mit nur einem Raum)". — „Das Haus stellt im Traum das Gehäuse der Seele dar ..." (Günter Harnisch)

im Frühnebel

> „Der Morgen, die Morgendämmerung, die Morgenröte, der Sonnenaufgang — diese Zeitangaben im Traum haben po-

sitive Bedeutung. Etwas Wesentliches rückt in das Bewusstsein des Träumenden." (Günter Harnisch). – „Wie der Nebel in der Wirklichkeit genaues Erkennen und Orientierung verhindert, so gilt er auch in der Traumsprache als Symbol für Ungewissheit, Zweifel, Unsicherheit und Sinnestäuschung." (Günter Harnisch)

Alkoholdünste!

> Im Wö. d. dt. Spr. v. Be. hat „Dunst" an zweiter Stelle die Bedeutung von „von starken Gerüchen erfüllte, abgestandene (feuchte) Luft (z.B. in Wirtsstuben)".

Was sagen Sie, Sie sind es satt?

> Synonyme für „satt sein" sind nach Woxikon unter anderem „eine Sache leid sein, überdrüssig sein, genug haben, es satt haben".

Du dreifaltiger Schelm,

> Nach dem Duden hat „dreifaltig" die Bedeutung von „die Einheit von Gott Vater, Sohn und Heiligem Geist bildend". – „Und Gott schuf den Men-

schen nach seinem Bilde - nach dem Bilde Gottes schuf er ihn; als Mann und Weib schuf er sie. (1. Mose 1:27). – Im Wö. d. dt. Spr. v. Be. hat „Schelm" an zweiter Stelle die Bedeutung von „immer zu Spaß und Neckerei aufgelegter junger Mann oder ebensolches Kind".

verschleiße mit deinen Knien 80 Jahre deine Pater.

> ➤ „Etwas verschleißen" hat im Wö. d. dt. Spr. v. Be. an erster Stelle die Bedeutung von „durch häufigen Gebrauch abnutzen".

Und wenn du ihn verlässt –

> ➤ Nämlich nach einer Beichte

Traum, Angst, Unsicherheit – fällst du vom Beichtstuhl und brichst dir das Genick, oder ein morsches Gewölbe, ein kleiner Stein erschlägt dich, der Durchzug bringt dich – oder auch, wenn Barmherzigkeit deine Augen vergoldet –

> ➤ „Im Volksmund bezeichnet man die Augen als den Spiegel der Seele. Das Auge hat im Traum die Symbolbedeutung eines Bewusstseinsorgans ..." (Günter Harnisch). – Im Wö. d. dt. Spr. v. Be.

hat „vergolden" an dritter Stelle die Bedeutung von „erfreulich, schön machen", zum Beispiel „die Liebe seiner vielen Enkel vergoldet sein ärmliches Dasein".

zur Endstation der ... – Kein Rhythmus mehr,
> Kein Herzrhythmus mehr

mausetot,
> Nach dem Wö. d. dt. Spr. v. Be. hat „mausetot" die Bedeutung von „ganz tot".

Dünger!
Zu Dünger geworden.
<u>Deine</u> Art, he, die Art zu erhalten?!

Bürger, Bürger, das Fressen wartet auf euch und die Liebchen der Nacht!
Kratzt euch nicht,
> „Jemanden kratzen" bedeutet nach dem Wö. d. dt. Spr. v. Be. „mit den Fingernägeln, Krallen oder einem Gegenstand scharf reibend verletzen".

nicht hebt die Schulter,
> „Das Achselzucken (Schulterzucken) ist eine <u>Geste</u>, bei der bei-

de <u>Schultern</u> angehoben und nach unterschiedlich langer Verzögerung wieder abgesenkt werden. Manchmal wird diese Geste von der betreffenden Person auch mehrfach in kurzen Abständen wiederholt, um ihre Wirkung zu verstärken. Das Achselzucken gilt als Ausdruck von Ratlosigkeit, Gleichgültigkeit oder beidem und wird in der Regel auch von entsprechender <u>Mimik</u> begleitet." (Wikipedia)

vergangenen Augenblick genießt man nicht und nicht die Zukunft!

Kennt Ihr sie, die Geschichte, das Geschichtchen des Mannes, des direktorischen in Zirkusluft? –

➢ Im Wö. d. dt. Spr. v. Be. hat „Zirkus" an dritter Stelle (umgangssprachlich) die Bedeutung von „lärmendes Durcheinander, Trubel, großes Aufhebens", zum Beispiel: „mach keinen Zirkus!" – Zu „Luft" schreibt Günter Harnisch unter anderem: „Sie gilt als Symbol für schöpferisches Denken und die Kräfte der Fantasie ..." – „... Von jeher ist nun die **Luft** als das Medium des Geistes empfunden worden …" (Ernst Aeppli)

Nein? Interessant! Mag es nicht erzählen, verliere Zeit

> ➤ Letzteres wohl bezogen auf das Verstreichen der Zeit bei der momentan stattfindenden Kommunikation mit mir als Schreibmedium, dessen ich mir aber nicht bewusst war.

und nicht.

> ➤ Nämlich bezogen auf die Ewigkeit, die zeitlos ist.

Achte den Nächsten, Bruder!

> ➤ Im Wö. d. dt. Spr. v. Be. hat „Bruder" an zweiter Stelle die Bedeutung von „enger Freund", zum Beispiel: „Sie sind Brüder im Geiste".

Er ist dein Mörder.

> ➤ „Der Mord im Traum ist ein Warnsignal, wenngleich er keine echte Lebensgefahr bedeutet. Er signalisiert ein gewaltsames Abtrennen eines unbewussten psychischen Inhalts, gleich ob der Träumende den Mord verübt oder selbst Opfer des Mordes ist. Dieses Abtrennen

kann sich auf ungenutzte Fähigkeiten, Talente oder die seelische Beziehung zu einem anderen Menschen beziehen ..." (Günter Harnisch)

Kalt heute.

> Einerseits wohl zu verstehen als Reaktion auf die vorausgegangene Textstelle, denn Synonyme für „kalt" sind nach dem Duden unter anderem „gefühlskalt, hartherzig, herzlos, mitleidlos, kaltblütig, roh", andererseits aber auch, in Verbindung mit der Jahreszeit und der nachfolgenden Textstelle, als eine wirklichkeitsbezogene Feststellung.

Warum steht der Ofen nicht da, wo der Ofen steht?

> „Der Ofen stellt im Traum den Bereich der Gefühlswärme dar. Ist der Ofen kalt, so fehlt es an emotionaler Wärme im Haus. Dieses Traumbild ist als Information über Probleme in der Partnerschaft zu verstehen." (Günter Harnisch)

Nimm dich in Acht, der jüngste Tag – ist – zu – einem Brötchen gebacken dein Frühstück,

> Anstelle der drei Gedankenstriche sind im Originaltext größere Abstände zwischen den Worten gelassen. – Der jüngste Tag im Leben eines Menschen ist sein Todestag. – „Im Traum ist das Brot ein Bild lebenserhaltender Speise. Es gibt Aufschlüsse über die seelische Nahrungszufuhr und Stärkung und gilt als positives Traumsymbol." (Günter Harnisch). – Im Wö. d. dt. Spr. v. Be. wird „Frühstück" definiert als „Mahlzeit am Morgen oder Vormittag".

oder, wenn du willst, spielt um deinen Lippen, wie oder als,

> Wohl wie oder als „Brötchen" bzw. „Frühstück"

das lügnerische Lächeln der pulsierenden Empfindung!

> Mit letzterer ist sicherlich die Empfindung bei der Ejakulation bzw. beim Orgasmus gemeint.

Sag mir, ach und scheißiges Ich,

> Damit benenne ich (inspiriert) meinen Gesprächspartner, einen mir nicht bewussten Teil von mir. Bei dem Adjektiv „scheißig" handelt es sich wohl um eine Wortneuschöpfung entsprechend der Ableitung „dreckig" von Dreck. Im Wö. d. dt. Spr. v. Be. hat „Scheiße" an zweiter Stelle die Bedeutung von „schlechte, unangenehme Sache, Angelegenheit", zum Beispiel: „so eine Scheiße!" – Im gleichen Wörterbuch hat „Ich" an erster Stelle die Bedeutung von „die eigene Person, Teil der eigenen Person", an zweiter Stelle (Psychologie) von „seelische Instanz zwischen dem (triebhaften) Es und dem (moralischen) Über-Ich" und an dritter Stelle (Philosophie) von „Kernpunkt und Träger des Bewusstseins des Individuums",

was größer ist als das Größte des Kleinsten!

> Das „Größte des Kleinsten" ist an sich ein Widerspruch, gemeint ist aber mit dem „Kleinsten" sicherlich das Atom, denn dieses leitet sich von seinem Na-

men her ab vom griechischen Wort
„atomos", das „unteilbar" bedeutet.

Blitze schrecken

> „In der Traumsprache kommt der Blitz
> in zwei verschiedenen Bedeutungen vor.
> Als gewaltsames Naturereignis kann er
> auf einen Affektstau und auf Verdrän-
> gungen hinweisen, die durch plötzliches
> aggressives Handeln abreagiert werden.
> In diesem Sinne bedeutet er eine un-
> kontrollierte Entladung körperlicher
> oder seelischer Spannungen ..." (Günter
> Harnisch).

**und heulende Wut kündet Verderben. Da wer-
den die Gedanken und Vorsätze gespalten,
und zurück kreucht in die Verteidigung die bedrohte Illusion**

> „Kreucht" ist nach dem Duden eine
> veraltete Bezeichnung für „kriecht",
> zum Beispiel „was da kreucht und
> fleucht". — Im Wö. d. dt. Spr. v. Be. hat
> „Illusion" an erster Stelle die Bedeutung
> von „Selbsttäuschung, trügerische Hoff-
> nung oder Vorstellung", an zweiter

Stelle von „trügerische Wahrnehmung"
und an dritter Stelle von „Vortäu-
schung eines Wirklichkeitseindrucks".

und zeigt die Zähne.

> „Jemandem die Zähne zeigen" bedeutet
> nach dem Redensarten-Index „sich
> wehren, angreifen, Selbstbewusstsein
> demonstrieren, Widerstand leisten".

Mein Name ist Bildungslücke,

> Nämlich der Name des oben von mir
> angesprochenen „scheißigen Ich".– Im
> Wö. d. dt. Spr. v. Be. wird „Bildungslü-
> cke" definiert als „Fehlen von Kenntnis-
> sen innerhalb der Bildung".

wie Zahnlücke, die man, sowohl als auch,

> Nämlich die Zahnlücke als auch die Bil-
> dungslücke

**zu verbergen sucht, aber dann in dem sprachi-
gen Ausdruck erschreckend erscheint.**

> Wie zum Beispiel „in dem sprachigen
> Ausdruck" anstelle von „im sprachlichen
> Ausdruck" und „Sag mir, ach und
> scheißiges Ich".

Du bist ein Anhänger

> Wohl des Materialismus. – Im Wö. d. dt. Spr. v. Be. hat „Anhänger" an vierter Stelle die Bedeutung von „jemand, der die gleichen Ziele wie ein anderer verfolgt und dessen Bestrebungen unterstützt, jemand, der für eine Sache eintritt".

oder – du süßes, hässliches, eintönig verschiedenes Tierchen

> Denn im Wö. d. dt. Spr. v. Be. wird „Mensch" an erster Stelle definiert als ein „(innerhalb der Klasse der Säugetiere zur Ordnung der Primaten gehörendes) Lebewesen mit der höchsten Entwicklung des Gehirns, der Fähigkeit zur Sprache und zu logischem Denken".

mit langen Eselsohren,

> „Die Dummheit, die dem Esel in unserer Umgangssprache angedichtet wird, verkörpert er im Traum nicht. Dort ist er häufig als Symbol für sexuelle Kraft und Vitalität zu verstehen – eine Bedeutung, die sich aus der griechisch-römischen Mythologie herleiten lässt,

wo der Esel ein Begleiter des Dionysos ist, des Gottes der unsterblichen Lebenskraft." (Günter Harnisch). – „Erlebt man im Traum Bilder von aufmerksam lauschenden Ohren, ohne gleichzeitig Geräusche zu hören, so deutet dies auf eine intensive Beschäftigung mit der eigenen Person hin. Der Träumende horcht in sich hinein und denkt über seine innerpsychischen Vorgänge nach ..." (Günter Harnisch)

zerreißenden Zähnen, lügenden Lippen und angepinselten Stierhufen –

> ➤ Synonyme für „anpinseln" sind nach Woxikon unter anderem „darstellen, malen, abbilden, bildnerisch gestalten". – „Im Traum erscheint der Stier als Sinnbild männlicher Kraft und Potenz. – Auf Kreta war es im Altertum üblich, das nackte Jünglinge bei kultischen Stierfesten den Stier bei den Hörnern packen und sich auf seinen Rücken schwangen. Der Symbolsinn solcher Spiele lag darin: Der Jüngling soll ler-

nen, seine animalischen Triebkräfte zu meistern. Dann erst gilt er als Mann. Ähnliche Symbolbedeutung hat der Stier meist als Traumsymbol." (Günter Harnisch)

oder vom Elefanten.

> „Dieses Tier symbolisiert die Kraft des Unbewussten, die ohne Kontrolle durch das Bewusstsein und die Vernunft gefährlich sein kann. Sie lässt sich aber beherrschen und sinnvoll einsetzen. Rüssel und Stoßzähne sind oft symbolische Hinweise auf die männliche Sexualität. Der Elefant ist – auch als Traumgestalt – ein Dickhäuter, der sich seiner zerstörerischen Kraft kaum bewusst ist. Er braucht lange, bis er seine Ruhe verliert und aggressiv wird. Angreifende oder durchgehende Elefanten warnen vor undisziplinierter Triebhaftigkeit. Müde, verletzte, kranke und sterbende Elefanten deuten auf Störungen des Unbewussten und eine beeinträchtigte Vitalität hin. Gesunde, friedfertige, arbeits-

willige Elefanten weisen darauf hin, dass die Energien des Unbewussten mit Erfolg durch den Verstand kontrolliert werden. Zumindest besteht der Wunsch nach einer solchen Kontrolle." (Günter Harnisch)

Bürger, mordet ehrlich!

> Im Wö. d. dt. Spr. v. Be. hat „morden" an zweiter Stelle (gehoben) die Bedeutung von „töten", zum Beispiel „junge Menschen auf den Kriegsschlachtfeldern morden". Im gleichen Wörterbuch hat „ehrlich" an erster Stelle die Bedeutung von „die Wahrheit sprechend, wahrheitsliebend, ohne Falschheit, ohne Verstellung" und an dritter Stelle von „ohne Hintergedanken, ohne böse Absicht, ohne Täuschung".

Zieht euch aus, im Zoo sind Ställe frei, nicht viele! Große Affen schont man, sind Mangelware, Menschen kommen an die Wand.

> „Jemanden an die Wand stellen" bedeutet nach dem Wö. d. dt. Spr. v. Be.

(im übertragenen Sinn) „jemanden standesrechtlich erschießen".

Was sagen Sie?

> An die Bürger gerichtet

Wiederum gelang es, ein Gorillababy zur Welt zu bringen?! Toller Erfolg, gebührend gefeiert! Filmstar im Affenpelz reißt tausend weniger fünf mal sechs geteilt durch Großvater und Enkel

> In Verbindung mit der Rechenregel „Punktrechnung geht vor Strichrechnung" ergibt „tausend weniger fünf mal sechs" 970, und zwar, bezogen auf „geteilt durch", als Zahl der Großväter mit ihren Enkelkindern im Tierpark bzw. Zoo.

der 27. Generation

> Dieser Berechnung liegt wahrscheinlich die Zeit zugrunde, als man bei uns in Europa erstmalig Menschenaffen im Zoo besichtigen konnte.

zum Gehege, das da ist und gewesen ist und gewesen ist ...

> Nämlich von Generation zu Generation

Ich möchte mein Mädchen und drei Küsse!

➤ Wohl zu verstehen als eine Darstellung meiner persönlichen Wünsche. – „Seit dem Altertum gilt die Drei als magische Zahl. In Indien sind Brahma, Vishnu und Shiva eine göttliche Dreiheit. Auch altägyptische und die christlichen Religionen gehen von der Dreifaltigkeit Gottes aus. [...] Die Drei hat ein männliches Vorzeichen. Sie ist Symbol des Geistes und der schöpferischen Dynamik." (Günter Harnisch). – „Drei ist die Zahl des Geistes ..." (Heinrich Elijah Benedikt in „Die Kabbala"). – „Der Kuss symbolisiert eine innige Annäherung. Sie kann, aber muss nicht erotischen Charakter haben. Der Mund ist das Organ der Sprache. So meint das Traumbewusstsein mit dem Kuss meist eine geistige Kommunikation, eine Verbundenheit, wie sie sich im Bruderschaftskuss der Politiker mancher Länder, zum Beispiel in Frankreich und Russland, als Symbol friedlicher Verständigung ihrer Völker ausdrückt ..." (Günter Harnisch)

... und gewesen sein wird. Da gibt es viele Stäbe aus Eisen

> „Dieses Metall gilt als Symbol für Willensstärke, Widerstandskraft, Härte und Gefühllosigkeit ..." (Günter Harnisch)

und einen warmen Schneesturm,

> „... Im übertragenen Sinne gilt Wärme als Symbol für Anteilnahme, Herzlichkeit, Zuneigung oder Leidenschaft ..." (Günter Harnisch). – „... Sonst aber ist es in der Seele kalt, wenn man von Eis und Schnee träumt ..." (Ernst Aeppli). – „... Oft ist der Wind Hinweis auf starke geistige Energien. Wie der Wind ist auch der Geist nicht greifbare Materie. Wo eine starke geistige Bewegtheit einsetzt, dort teilt sie sich oft im Traum als herannahender Sturm mit ..." (Günter Harnisch)

der die Menschen durstig macht.

> Nämlich bei ihrem Rundgang durch den Tierpark

Stellt euch vor, ich denke, dachte, habe, hatte gedacht das Gedachte des Gedankens gedankenvoll dankbar: Das Kreuz ist eine Schuhbürste, die den sich Bürstenden eitel macht.

> ➤ Im Wö. d. dt. Spr. v. Be. hat „Kreuz" an zweiter Stelle die Bedeutung von „christliches Symbol, das an Christi Tod erinnert". – „Allgemein deutet der Schuh auf die geistige oder seelische Einstellung des Träumenden hin. Der Schuh zeigt dessen Standort an. Zu beachten sind bei der Deutung der Zustand der Schuhe und ihre Eignung für den jeweiligen Zweck, der sich aus dem Traumzusammenhang erkennen lässt." (Günter Harnisch). – Im Wö. d. dt. Spr. v. Be. hat „eitel" an erster Stelle die Bedeutung von „viel Wert auf die eigene äußere Erscheinung legend, bestrebt, als schön und klug zu gelten".

Das Kreuz ist aber auch ...

> ➤ Im Wö. d. dt. Spr. v. Be. hat „Kreuz" an dritter Stelle (im übertragenen Sinn) die Bedeutung von „Leid, Mühsal, schwere Arbeit".

Ist aber auch?

... ist aber nicht auch gewesen sein wird

> ➤ Bezugnehmend auf oben angeführtes „und gewesen sein wird", das heißt, es ist auch weiterhin

das tolle Geflüster einer Pappel,

> ➤ „Der Baum ist ein archetypisches Symbol des Lebens, wie es sich in den Begriffen Lebensbaum und Stammbaum niederschlägt. Als Traumsymbol deutet der Baum meist auf die persönliche Entwicklung und das Wachstum des Träumenden hin ..." (Günter Harnisch). — „Die Blätter an Bäumen und Sträuchern symbolisieren im Allgemeinen die Gefühle und Gedanken des Träumenden ..." (Günter Harnisch). — „das tolle Geflüster" ist im Textzusammenhang sicherlich zu übersetzen mit „das liebestolle Geflüster".

die eine Natur bewegt –

> ➤ Im Wö. d. dt. Spr. v. Be. hat „Natur" an erster Stelle die Bedeutung von „die den Menschen umgebende, erzeugende,

nicht von ihm geschaffene Welt" und an vierter Stelle von „angeborene Wesensart, Veranlagung".

dynamisch,

> ➢ Im Wö. d. dt. Spr. v. Be. hat „dynamisch" an zweiter Stelle die Bedeutung von „schwungvoll, lebhaft bewegt".

denn Dynamik ist Empirie

> ➢ Im Wö. d. dt. Spr. v. Be. hat „Dynamik" an erster Stelle (Physik) die Bedeutung von „Lehre von der Bewegung der Körper unter dem Einfluss von Kräften" und an vierter Stelle (im übertragenen Sinn) von „Schwung, Kraftentfaltung, lebendige Bewegtheit". – Im gleichen Wörterbuch wird „Empirie" definiert als „Erfahrung, auf Erfahrung beruhende Erkenntnis".

und Empirie der Mist, auf dem die Seele wächst.

> ➢ Synonyme für „Mist" sind nach dem Duden unter anderem „Dung, Dünger".

Das Kreuz ist ein Nachtschlüssel ...

> ➢ „Die Nacht stellt im Traum den gesamten Bereich des Unbewussten dar, der im Dunkeln liegt." (Günter Harnisch)

Der komisch gebogene Draht – lächerlich, lachhaft! – des unliebsamen Arbeitnehmers?

> Mit letzterem ist hier ein Dieb gemeint.

… es erschließt das Verborgenste!

> „Da redete Jesus abermals zu ihnen und sprach: Ich bin das Licht der Welt; wer mir nachfolgt, der wird nicht wandeln in der Finsternis, sondern wird das Licht des Lebens haben." (Johannes 8:12). Und: „Jesus spricht zu ihm: Ich bin der Weg und die Wahrheit und das Leben; niemand kommt zum Vater denn durch mich." (Johannes 14:6)

Ganz richtig, mein Lieber, manchmal. Dieser gereift liebevoll verklärte Blick ihrer Hühneraugen, ganz richtig.

> Zu „Hühneraugen" schreibt Günter Harnisch: „In der Traumsprache sind sie meist Hinweise auf Schwachstellen, die den Träumenden in seiner Fähigkeit, im Leben voranzukommen, einengen oder behindern."

Die Seele mit Überschall stinkt verwesend, ganz richtig.

> Im Wö. d. dt. Spr. v. Be. hat „Seele" an dritter Stelle (im übertragenen Sinn) die Bedeutung von „Mensch", zum Beispiel „weit und breit war keine Seele zu sehen".

Das böse Maul des Unterdrückten ist größer als der Bundeskanzler. *Sie, Herr Richter,*

> Mit letzterem bin ich gemeint.

werden angeklagt ...

Angeklagt?

> Im Wö. d. dt. Spr. v. Be. hat „anklagen" an zweiter Stelle die Bedeutung von „jemandem schwere Vorwürfe machen".

Ja, Störenfried oder Friedensstörer,

> Nämlich in unserer Gesellschaft nach der Veröffentlichung meiner Tagebücher. — Im Wö. d. dt. Spr. v. Be. wird „Störenfried" definiert als „jemand, der andere stört". Im gleichen Wörterbuch hat „Frieden" an erster Stelle die Bedeutung von „Zustand der Ruhe, Ordnung und Sicherheit (im Staat und

zwischen Staaten)", an zweiter Stelle
von „Zustand innerer Ruhe und Ausgeglichenheit (des Menschen und zwischen
Menschen), Eintracht", an dritter Stelle
von „beruhigende Stille" und an vierter
Stelle von „Friedensschluss, Friedensver-
trag".

konfus zu denken.

> Im Wö. d. dt. Spr. v. Be. hat „konfus"
> an zweiter Stelle die Bedeutung von
> „verworren, unklar", zum Beispiel „eine
> konfuse Angelegenheit; ein konfuses
> Zeug reden". – Infolge meiner damali-
> gen Wissenschaftsgläubigkeit nahm ich
> an, dass unser gesamtes Denken, Reden
> und Handeln auf Reaktionsabläufen in
> unserem Gehirn bzw. Zentralnervensys-
> tem beruhe. Das belastete mich sehr. Ich
> empfand mich nur noch als Maschine
> und ging dazu über, bei meinen Tage-
> bucheintragungen, zu denen ich mich
> innerlich gedrängt fühlte, zumeist nur
> das zu schreiben, was mir gerade einfiel.
> Das Produkt davon waren mir rätsel-

hafte, konfus anmutende Texte, deren
Bedeutung ich erst etwa 50 Jahre später erkannte.

Ihre Lage ist radikal peinlich,

> Im Wö. d. dt. Spr. v. Be. hat „Lage" an
> dritter Stelle die Bedeutung von „augenblicklich bestehende Verhältnisse",
> zum Beispiel „eine verzweifelte Lage". –
> Im gleichen Wörterbuch hat „radikal"
> an erster Stelle die Bedeutung von
> „gründlich, bis zum letzten, von Grund
> aus". –Ebenfalls in diesem Wörterbuch
> hat „peinlich" an zweiter Stelle die Bedeutung von „unangenehm, Scham,
> Verlegenheit erzeugend".

Ihr Stuhlgang korrupt.

> Synonyme für Stuhl sind nach „SYNO-
> NYME.DE" unter anderem „Sitzgelegenheit, Platz, Residenz". – Ein Synonym für „Stuhlgang" ist nach dem Duden unter anderem „Ausscheidung". –
> Im Wö. d. dt. Spr. v. Be. hat „korrupt"
> an zweiter Stelle die Bedeutung von
> „innerlich, moralisch verdorben".

Dreimal täglich servieren Sie Schinken,

> ➢ Synonyme für „Schinken" sind nach dem Duden unter anderem „dickes Buch; Wälzer". – Im Wö. d. dt. Spr. v. Be. wird „Schinken" an erster Stelle definiert als „gepökeltes und geräuchertes Stück vom Schwein (von Keule, Schulter oder Lende)". Und zu „Fleisch" heißt es bei Günter Harnisch unter anderem: „Dieses Symbol bezieht sich fast immer auf körperliche, meist sexuelle Energien und Bedürfnisse. Rohes Fleisch veranschaulicht Körperkraft, Potenz und Leidenschaft oder den Wunsch nach diesen Eigenschaften ..."

fünfmal Küsse

> ➢ „Der Kuss symbolisiert eine innige Annäherung. Sie kann, aber muss nicht erotischen Charakter haben. Der Mund ist das Organ der Sprache. So meint das Traumbewusstsein mit dem Kuss meist eine geistige Kommunikation, eine Verbundenheit, wie sie sich im Bruderschaftskuss der Politiker mancher Län-

der, zum Beispiel in Frankreich und Russland, als Symbol friedlicher Verständigung ihrer Völker ausdrückt. Mit dem Kuss weist das Traumbewusstsein darauf hin, dass der Träumende mit einem bestimmten Menschen eine engere Beziehung aufnehmen oder – falls Streit herrscht – sich mit ihm versöhnen soll ...'' (Günter Harnisch)

und dazwischen mit Nonsens gekoppelten Unsinn.

> Im Wö. d. dt. Spr. v. Be. wird „Nonsens'' definiert als „Unsinn, törichtes Gerede''.

Ihr Stuhl steht falsch – falsch sage ich, drehen Sie ihn, zeigen Sie der Menge Ihren Arsch, und sie wird zufrieden zerfließen, mit Behagen leben und in der Bestätigung ihres Daseins aufblühen. Ihr Mörder der gerechten Sache publiziert ohne Ende Schäferstündchen und angebrannte Suppen.

> „... Kocht man seinem Partner ein Süppchen, will man ihn wohl von den eigenen Liebeskünsten überzeugen.'' (Georg Fink)

Denkt an was, an irgendwas, das rund ist,

> Im Wö. d. dt. Spr. v. Be. hat „rund" an vierter Stelle (im übertragenen Sinn) die Bedeutung von „schön, vollendet".

denkt an einen Teller, einen Stein, einen Schädel, denkt an das runde Quadrat

> „Das Quadrat symbolisiert seelische Ausgewogenheit und Ganzheit ..." (Günter Harnisch)

und die Vergänglichkeit!

—

Es fahren Autos auf der Straße, und die Luft hier innen ist warm und draußen kalt. Obwohl die Sonne scheint und der Winter bald anfängt, denke ich manchmal an Regen, wenn die Natur weint ...

> „Der Regen ist ein Fruchtbarkeitssymbol. Er hat vorwiegend die Bedeutung einer geistigen Befruchtung im Sinne von neuen und schöpferischen Ideen. Manchmal ist dieses Symbol aber auch Ausdruck von Traurigkeit oder depressiver Stimmung." (Günter Harnisch)

Sie weint nicht!

Sie weint, sie (be)weint die Tragik eines verzogenen Menschen,

> „be" wurde eingefügt.

der …

Der?

Der verzogenen Menschen!

> „Ein Kind, einen Hund verziehen" be-
deutet nach dem Wö. d. dt. Spr. v. Be.
„verwöhnen, zu nachgiebig bei seiner
Erziehung sein".

Und die Sonne?

> „Die Sonne ist eines der positivsten
Traumsymbole. Sie kennzeichnet im
Traum stets produktive schöpferische
Energie, die künstlerische Ideen oder
Bewusstseinsprozesse in Gang bringt."
(Günter Harnisch). – „Die positive
(männliche) Kraft der Seele, Energiesymbol des Lebens, des Schöpferischen,
des Befruchtenden, denn in den meisten Kulturen wird die Sonne als männlich angesehen. Wo sie im Traum aufgeht, da ist Erfolg in allen Lebensberei-

chen zu erwarten. Wo sie untergeht, mündet eine Glücksphase ins Alltägliche. Die leuchtende Kraft der Sonne erhellt unser Bewusstsein und macht uns für neue und gute Taten bereit ..." (Georg Fink). – „... Das leuchtendste und größte Energiesymbol ist die Sonne. Wo sie im Traum aufgeht, ist stärkste Wirkung, ist ein tätiger Morgen zu erwarten. Nur in den Wüstenträumen kann die sengende Glut dem Wanderer den Tod bringen. Sonst aber ist sie die Bringerin des Lebens, des Schöpferischen, Befruchtenden. Sonnenuntergänge aber sind im Traum meist von negativer Bedeutung, eine Bewusstseinsphase geht zu Ende." (Ernst Aeppli). – „... Betrachten wir die Sonne (Orange) und die Erde (Blau), so finden wir in ihnen Urbild und Vorbild des Liebens. Das war auch der Inhalt der Sonnenreligion Altägyptens und wird auch die Religion des Wassermannzeitalters, des Evangeliums

der Sonne sein." (Heinrich Elijah Benedikt)

Der Mond täuscht viele,

> „Der Mond hat im Allgemeinen weibli-
che Symbolbedeutung. Er stellt seit al-
ters her die kosmische Entsprechung
der obersten weiblichen Gottheit dar. In
vielen Sprachen ist er dem weiblichen
Geschlecht zugeordnet (z.B. la lune im
Französischen). Bekannt ist seine Beziehung zu Stimmungen und dem Monatszyklus der Frau." (Günter Harnisch). — „Jemanden täuschen" bedeutet nach dem Wö. d. dt. Spr. v. Be.
„jemandem etwas sagen, was nicht der
Wahrheit entspricht, jemanden veran-
lassen, zu glauben, dass etwas so sei
(obwohl es nicht so ist)". — Das Mondlicht als ein indirektes Licht symbolisiert
in meinen Tagebuchtexten meist das
Verstandeslicht, den Verstand, das Verstandesdenken.

hat alle getäuscht, bis eines Tages für nichts als
die Sicherheit der Fragenden er sich verdunkelte.

> Nämlich als erkannt wurde, dass er ohne das Licht der Sonne dunkel ist, wie zum Beispiel bei Neumond.

Verführerisch winken sie,

> Im Textzusammenhang sind sicherlich die einzelnen Mondphasen, gemeint.

und ihre Pinsel und Paletten winken

> Nämlich die Pinsel und Paletten der Maler. – Im Wö. d. dt. Spr. v. Be. hat „Pinsel" an zweiter Stelle die Bedeutung von „einfältiger Mensch". – Im gleichen Wörterbuch hat „Palette" an dritter Stelle (im übertragenen Sinn) die Bedeutung von „reiche Auswahl, großes Angebot".

und die Bärte.

> „Der Bart im Traum symbolisiert männliche Kraft und Potenz …" (Friedrich W. Doucet)

Und doch, sie negieren den Augenblick

> Wohl zurückkommend auf obige Textstelle: „Kratzt euch nicht, nicht hebt die Schulter, vergangenen Augenblick genießt man nicht und nicht die Zukunft!"

und tun nichts anderes als alle: sie suchen Zufriedenheit und verkennen ihr Wesen, sie glauben und kämpfen ihn nieder, den Glauben, den
sie nicht kennen.

> ➢ Also einen Glauben, der ihnen fremd ist.

Entmutigt am Sinn

> ➢ Im Wö. d. dt. Spr. v. Be. hat „Sinn" an
> siebenter Stelle die Bedeutung von „Be-
> deutung, innerer, geistiger Gehalt",
> zum Beispiel „den tieferen Sinn von et-
> was erfassen; über den Sinn des Lebens
> nachdenken".

fühlen sie die Schärfe,

> ➢ Im Wö. d. dt. Spr. v. Be. hat „Schärfe"
> an erster Stelle die Bedeutung von „das
> Scharfsein, scharfe Beschaffenheit". Und
> Synonyme für „scharf" sind nach dem
> Duden unter anderem „gut ge-
> schärft/geschliffen, gepfeffert, gesalzen,
> durchdringend, gellend, angestrengt,
> angriffslustig, beleidigend, drastisch,
> gnadenlos, erbittert, aggressiv, wuchtig,
> begehrlich, begierig, brünstig, erotisch,
> erregend".

Bedrohung der humanen Idee,

> Mit letzterer ist sicherlich die Idee von der Menschlichkeit, vom Humanismus gemeint.

und verschanzen sich. Nicht Überwindung,

> Im Wö. d. dt. Spr. v. Be. hat „Überwindung" an zweiter Stelle die Bedeutung von „das Sich-überwinden".

nein, kämpfende Abwehr färbt ihren Alltag ...

Den Alltag!

> Also auch meinen Alltag

Den Alltag? – ich weiß nicht – den Alltag, durchpfiffen

> Im Wö. d. dt. Spr. v. Be. hat „pfeifen" an erster Stelle (auch mit Akkusativ) die Bedeutung von „mit gespitzten Lippen durch Ausblasen von Atemluft einen Ton, Töne, eine Melodie hervorbringen". – „Das Ein- und Ausatmen bedeutet Anspannung und Entspannung. Es veranschaulicht auf diese Weise Lebensenergie ..." (Günter Harnisch). Und: „... Von jeher ist nun die Luft als

das Medium des Geistes empfunden worden ..." (Ernst Aeppli)
von nützlichem Geschwätz.

> Wohl mit einem Bezug zur obigen Textstelle: „Übers Maul fahren sie ihm, blödsinniges Gefasel, sinnloses ..." – Im Wö. d. dt. Spr. v. Be. hat „Geschwätz" an erster Stelle die Bedeutung von „das Schwätzen" und an zweiter Stelle von „leeres Gerede".

Sage ich Stein oder Hering,

> „Schroffes Gestein, Felsgeröll und Klippen symbolisieren körperliche und geistig-seelische Festigkeit und Stärke, aber auch Härte, Kälte und Egoismus ..." (Günter Harnisch) – In meinen inspirierten Tagebuchtexten vergleiche ich uns Menschen bzw. werden wir Menschen des Öfteren mit Steinen verglichen, die ja wie wir körperlich aus Materie bestehen und die dazu im übertragenen Sinn Aspekte unseres seelisch-geistigen Verhaltens darstellen. – „... Da man das Triebhafte des Säugetieres an

ihm nicht bemerkt, gilt der Fisch nicht eigentlich als Tier, sein Fleisch nicht als blutiges Fleisch. Er ist vielleicht deshalb wegen seiner eigenartigen Herkunft oft heilige Speise. Im christlichen Kulturraum ist dieses Heilige verbunden mit dem neutestamentlichen Fischwunder und steht im Zusammenhang mit Petrus dem Fischer. Zudem bilden im Griechischen die Anfangsbuchstaben von ‚Jesus Christus, Sohn Gottes und Retter‘ zusammen das Wort Ichthys, Fisch ...‟ (Ernst Aeppli)

die Menschen hören, sie hören verschieden:

> Im Wö. d. dt. Spr. v. Be. hat „verschieden‟ an erster Stelle die Bedeutung von „unterschiedlich‟ und an zweiter Stelle von „voneinander abweichend‟.

Die einen, die gehen,

> Das heißt, sie wenden sich ab.

die anderen, die schlagen,

> Das heißt, sie werden aggressiv.

und andere ergötzen sich am bestätigenden Wort.

> ➢ Das heißt, sie fühlen sich durch das, was
> ich sage, bestätigt.

Was ich will, sie hören?

> ➢ Hören sie (nämlich die Leser), was ich
> sagen will?

Du hörst, Dich hören wollen, mich sagen,

> ➢ Du hörst mich sagen, Dich hören zu
> wollen (nämlich bezüglich der vorste-
> henden Frage)

sprechen, ihm gehen laufen … –

> ➢ An dieser Stelle im Tagebuch ist meine
> Schrift kaum leserlich, sodass ein Über-
> tragungsfehler nicht auszuschließen ist.

Da seh ich sie grinsen, ein dreckiges Grinsen, den grinsenden Krieg.

> ➢ Gemeint sind die Leser, welche den
> Text nicht verstehen wollen und abfällig
> und aggressiv reagieren.

Da seh ich sie grinsen, die mutvoll zerstören, zertreten den – den Wurm, obwohl sie gesättigt. Wo ist ein Kläger, wo ist der Verbrecher, wenn beide sind nur kausal?

> ➢ Wohl auch mit einem Bezug zur obigen
> Textstelle: „Sie, Herr Richter, werden an-

geklagt ..." – Im Wö. d. dt. Spr. v. Be. wird „kausal" definiert als „ursächlich zusammenhängend, auf Ursache und Wirkung beruhend".

Bewusstsein der Relation!

> ➢ Wohl bezugnehmend auf die vorangegangene Frage. – Im Wö. d. dt. Spr. v. Be. hat „Bewusstsein" an zweiter Stelle die Bedeutung von „Wissen um etwas, Erkenntnis, das Sichklarsein über etwas". – Im gleichen Wörterbuch wird „Relation" definiert als „Beziehung, Verhältnis (mehrerer Dinge zueinander)".

Du kannst nur empfinden dich selbst und das Zimmer, in dem du lachst, die Kippe, (die) den Rauch empfinden macht.

> ➢ ... die Zigarettenkippe, (die) den Rauch empfinden macht. – „die" wurde eingefügt.

Keine Angst, die Welt lebt ohne dich. Halte das Maul oder reiß es auf, wenn du Lust hast, oder die Tür, wenn die Luft dir fehlt.

➤ „Tür und Tor zeigen im Traum Zugangsmöglichkeiten an, deren Art sich
aus der weiteren Traumhandlung bestimmen lässt …" (Günter Harnisch). –
„… Von jeher ist nun die **Luft** als das
Medium des Geistes empfunden worden
…" (Ernst Aeppli)

<u>8. März 1960</u>

Eigentlich sollte irgendwo von mir berichtet sein über M 7, Grafenberg. Doch Unlust und Lust fochten einen ungleichen Kampf. Bisher beschränkte ich mich auf übertreibendes, auf Wirkung zielendes Erzählen. Der Erfolg ist da frischer und nicht oder kaum ermüdend. Ich möchte auch jetzt nicht, man könnte es unter Umständen und gewissen Voraussetzungen leicht verstehen, diesem wichtigen „Muss" nachkommen. Im Gegenteil: Vor mir steht ein Russen-Ei, daneben ein Düssel, darüber eine „Rote Hand" in Düsseldorf-Unterrath.

<u>Erläuterung</u>

> Der Text ist im Tagebuch durchgestrichen. Nach dem Schriftbild zu urteilen könnte es sein, dass ich zu viel Bier getrunken hatte.

Eigentlich sollte irgendwo von mir berichtet sein über M 7, Grafenberg.

> M 7, das heißt Männer 7, war die Siechenstation der Landesheil- und Nervenanstalt Düsseldorf-Grafenberg. Hier

arbeitete ich zu Beginn meines Medizinstudiums als Hilfspfleger, um Geld zu verdienen.

Doch Unlust und Lust fochten einen ungleichen Kampf. Bisher beschränkte ich mich auf übertreibendes, auf Wirkung zielendes Erzählen.

> Dass ich das tat, erinnere ich mich nicht.

Der Erfolg ist da frischer und nicht oder kaum ermüdend. Ich möchte auch jetzt nicht, man könnte es unter Umständen und gewissen Voraussetzungen leicht verstehen,

> Siehe hierzu meinen Kommentar unter dem Datum.

diesem wichtigen „Muss" nachkommen.

> Nämlich über M 7 zu berichten.

Im Gegenteil: Vor mir steht ein Russen-Ei, daneben ein Düssel,

> Mit letzterem ist ein Glas mit Düsseldorfer Alt-Bier gemeint.

darüber eine „Rote Hand"

> Nämlich eine Zigarette der Marke „Roth-Händle".

in Düsseldorf-Unterrath.

> Hier wohnte ich vorübergehend während meiner Tätigkeit in Düsseldorf-

Grafenberg, und zwar im Elternhaus meines Freundes P., eines Klassenkameraden vom Abendgymnasium.

<u>16. März 1960</u>

Weiß nicht die Stimme
des Tones zu deuten,
weiß nicht den Apfel im faulenden Gras.
Höre die flötenden Knaben am Weiher,
höre die leise Welle im Wind.
An den Sternen hängen verborgen
tröstende Stunden der mitwachenden Nacht.

Dem lustigen Erlebnis reifen die Früchte, und der Gewalt natürlicher Dämonie weichen selbst die Götter.

Egon ist der Bruder meines Vaters, der dessen angeerbte Frau stahl und versteckt hielt. Den erzürnten Verwandten gab er ein großes, ausgiebiges Essen mit Pflaumen zum Nachtisch. Die Toiletten lagen weit draußen im Gelände, man hatte, um zu ihnen zu kommen, den Gartenweg 4a zu benutzen. Dies sei am Rande erwähnt. Weit bedeutungsvoller aber schien meinem Großvater das Wetter, und es stimmte ihn bedenklich, hatten doch alle Missstände in seiner Karriere als Dachdecker einen tieferen Zusammenhang mit dieser willkürlichen Naturerscheinung gehabt. Einmal war er kurz nach der Frühstückspause zu einem Kunden gerufen worden, der über das Fehlen einer Dachziegel klagte, und das schon längere Zeit. Mein Großvater, Geld und Ruhm witternd, ohne sein Fluchen über diese unangenehme Arbeit einzustellen, stieg behende die Treppe des Erfolges empor, wand sich durch ein brüchiges Dachfenster und zog sich an alten, verrosteten Leiterhaken vorsichtig zur höchsten Stelle des Daches, wo er den besten Ausblick hatte. Dort, Zeit und zerbrochene Ziegel sanierend, wurde er von einem Unwetter überrascht. Die Sonne verdunkelte sich, seine Uhr blieb stehen, Hagelkörner schlugen seine Wangen, er betete zu Gott und dachte: Ei, Ei, wat hat Du da, Ei, Ei, wat tust Du da?

<u>Aufgliederung des Textes</u>

Weiß nicht die Stimme des Tones zu deuten,
weiß nicht den Apfel im faulenden Gras.
Höre die flötenden Knaben am Weiher,
höre die leise Welle im Wind.
An den Sternen hängen verborgen
tröstende Stunden der mitwachenden Nacht.

***Dem lustigen Erlebnis reifen die Früchte,
und der Gewalt natürlicher Dämonie weichen
selbst die Götter!***

—

Egon ist der Bruder meines Vaters, der dessen angeerbte Frau stahl und versteckt hielt. Den erzürnten Verwandten gab er ein großes, ausgiebiges Essen mit Pflaumen zum Nachtisch. Die Toiletten lagen weit draußen im Gelände. Man hatte, um zu ihnen zu kommen, den Gartenweg 4a zu benutzen. Dies sei am Rande erwähnt.

Weit bedeutungsvoller aber schien meinem Großvater das Wetter, und es stimmte ihn bedenklich, hatten doch alle Missstände in seiner Karriere als Dachdecker einen tieferen Zusammenhang mit dieser willkürlichen Naturerscheinung gehabt. Einmal war er kurz nach der Frühstückspause zu einem Kunden gerufen worden, der über das Fehlen einer Dachziegel klagte, und das schon längere Zeit. Mein Großvater, Geld und Ruhm witternd, ohne sein Fluchen über diese unangenehme Arbeit einzustellen, stieg behende die Treppe des Erfolges empor, wand sich durch ein brüchiges Dachfenster und zog sich an alten, verrosteten Leiterhaken vorsichtig zur höchsten Stelle des Daches, wo er den besten Ausblick hatte. Dort, Zeit und zerbrochene Ziegel sanierend, wurde er von einem Unwetter überrascht. Die Sonne verdunkelte sich, seine Uhr blieb stehen, Hagelkörner schlugen seine Wangen, er betete zu Gott und dachte: Ei, ei, wat hat Du da? Ei, ei, wat tust Du da?

<u>Deutung</u>

> ➢ Das Gedicht wurde inspiriert. Es beschreibt meine damalige Situation: Als Wissenschaftsgläubiger negierte ich die Existenz einer geistigen Welt und damit auch ihre Aktivitäten. Ich nahm an, dass unser gesamtes Denken, Reden und Handeln ausschließlich auf Reflexabläufen in unserem Gehirn bzw. Zentralnervensystem beruhe. Darunter litt ich sehr. Es reduzierte meine Lebenslust, insbesondere mein Verlangen, eigene Gedanken zu bilden. Dabei verspürte ich aber immer wieder ein starkes inneres Drängen zu schreiben. Folgte ich diesem Drängen, saß ich oft vor meinem Tagebuch und wartete darauf, dass mir etwas einfiel. Das geschah dann auch nach einer kurzen Zeit. Ein Gedankenfluss setzte ein und hörte schließlich wieder abrupt auf. Was ich dabei zu Papier brachte, war stellenweise unverständlich, zum Teil wirr und wie schizophren.

– Ab Mitte der Sechziger Jahre, als ich heiratete und in meinen Beruf als Arzt eintrat, hatte ich keine Zeit mehr für Tagebucheintragungen. Später dachte ich öfters daran, die Tagebücher zu verbrennen. – Etwa ab den Achtziger Jahren beschäftigte ich mich, da ich parallel zum Führen des Tagebuchs oft auch meine Träume aufgeschrieben hatte und somit ein lebhaftes Interesse an deren Deutung hatte, mit der Traumsymbolsprache. Als ich mit den Kenntnissen, die ich mir dabei erwarb, etwa 2006 begann, meine Tagebücher in den PC zu übertragen, erkannte ich, dass große Teile dieser Tagebuchtexte eine Dialogform aufweisen und oft nur symbolisch zu verstehen sind.

Weiß nicht die Stimme des Tones zu deuten,

> Im Wörterbuch der deutschen Sprache von Bertelsmann (Wö. d. dt. Spr. v. Be.) hat „Stimme" an vierter Stelle (im übertragenen Sinn) die Bedeutung von

„seelische Regung, Weisung", zum Beispiel „die Stimme des Gewissens, des
Herzens". – Im gleichen Wörterbuch
hat „Ton" an sechster Stelle die Bedeutung von „Äußerung", zum Beispiel „er
hat den ganzen Abend keinen Ton ge-
redet, keinen Ton von sich geben".

weiß nicht den Apfel im faulenden Gras.

> Im Textzusammenhang ist diese Text-
  stelle umzustellen zu: „weiß nicht den
  faulenden Apfel im Gras." Das heißt, ich
  weiß auch nicht, was der „faulende Apfel im Gras" zu bedeuten hat. – „Apfel,
  Granatapfel, Feige und Quitte sind ur-
  alte Fruchtbarkeitssymbole. In der Psychoanalyse gilt der Apfel wegen seiner
  Ähnlichkeit mit der Form der weiblichen Brust als ein typisches Sexualsym-
  bol. Diese Deutung trifft vor allem dann
  zu, wenn der Apfel in einem erotischen
  Traumzusammenhang   erscheint   ..."
  (Günter Harnisch). – Nach dem Wö. d.
  dt. Spr. v. Be. hat „faulen" die Bedeutung von „faul werden, in Verwesung,

in Fäulnis übergehen“. – „Kräftiges, saftiges, grünes Gras deutet auf Wachstum und Entwicklung im psychisch-geistigen Bereich hin ...“ (Günter Harnisch)

Höre die flötenden Knaben am Weiher,

> Zu „Flöte“ schreibt Günter Harnisch unter anderem: „... Mitunter enthält dieses Bild einen Hinweis auf das männliche Glied und dessen Anziehungskraft ...“ – Und zu „Weiher“ beziehungsweise Teich heißt es beim gleichen Autor: „Stehende Gewässer symbolisieren meist erotische Gefühle ...“

höre die leise Welle im Wind.

> höre die leise Welle des Weihers im Wind. – „Das Wasser symbolisiert im Traum unbewusste seelische Energie ...“ (Günter Harnisch). – Bezüglich der symbolischen Bedeutung von „Wellen“ ist im Traumlexikon von Günter Harnisch unter dem Stichwort „Brandung“ Folgendes zu lesen: „Die Bedeutung ist die gleiche wie die stürmisch bewegter

Meereswogen. Je höher sie gehen, umso heftiger sind die Gefühlswallungen, die durch die Wellen symbolisiert werden. Geht die Brandung ruhig und gleichmäßig, so weist dieses Bild auf ein ausgeglichenes Seelenleben hin." – „... Oft ist der Wind Hinweis auf starke geistige Energien ..." (Günter Harnisch). – In meinen inspirierten Tagebucheintragungen symbolisiert der Wind meist den Gedankenaustausch im Rahmen einer Inspiration bzw. des automatischen Schreibens.

An den Sternen hängen verborgen
tröstende Stunden der mitwachenden Nacht.

➤ „Als Traumbild sind Sterne meist Symbole des Lichts, der Hoffnung, des Glaubens und der Zuversicht. Oft deuten sie auch auf Selbstbesinnung hin." (Günter Harnisch). – „Die Nacht stellt im Traum den gesamten Bereich des Unbewussten dar, der im Dunkeln liegt." (Günter Harnisch). – Diesen Tagebuch-

eintrag machte ich wohl während einer
Nachtwache.

**Dem lustigen Erlebnis reifen die Früchte,
und der Gewalt natürlicher Dämonie weichen
selbst die Götter!**

> ➤ Im Wö. d. dt. Spr. v. Be. hat „Dämon"
> an erster Stelle die Bedeutung von
> „(meist böser) Geist" und an zweiter
> Stelle von „innere Stimme". — Im glei-
> chen Wörterbuch hat „Dämonie" an
> erster Stelle die Bedeutung von „un-
> durchschaubare, gefährliche Macht" und
> an zweiter Stelle von „Art, Wesen eines
> Dämons".

—

Egon ist der Bruder meines Vaters, der dessen
angeerbte Frau stahl und versteckt hielt.
Den erzürnten Verwandten gab er ein großes,
ausgiebiges Essen mit Pflaumen zum Nachtisch.
Die Toiletten lagen weit draußen im Gelände.
Man hatte, um zu ihnen zu kommen, den Gartenweg 4a zu benutzen. Dies sei am Rande erwähnt.

Weit bedeutungsvoller aber schien meinem Großvater das Wetter, und es stimmte ihn bedenklich, hatten doch alle Missstände in seiner Karriere als Dachdecker einen tieferen Zusammenhang mit dieser willkürlichen Naturerscheinung gehabt. Einmal war er kurz nach der Frühstückspause zu einem Kunden gerufen worden, der über das Fehlen einer Dachziegel klagte, und das schon längere Zeit. Mein Großvater, Geld und Ruhm witternd, ohne sein Fluchen über diese unangenehme Arbeit einzustellen, stieg behende die Treppe des Erfolges empor, wand sich durch ein brüchiges Dachfenster und zog sich an alten, verrosteten Leiterhaken vorsichtig zur höchsten Stelle des Daches, wo er den besten Ausblick hatte. Dort, Zeit und zerbrochene Ziegel sanierend, wurde er von einem Unwetter überrascht. Die Sonne verdunkelte sich, seine Uhr blieb stehen, Hagelkörner schlugen seine Wangen, er betete zu Gott und dachte: Ei, ei, wat hat Du da? Ei, ei, wat tust Du da?

> *Dieser Teil des Tagebucheintrags, den ich für eine Demonstration der „Gewalt natürlicher Dämonie" halte, bleibt (vorerst?) unkommentiert. Die angeführte familiäre Situation entspricht nicht der Realität.*

<u>4. April 1960</u>

<u>Nachzug</u>

So bin ich allein. Vergessen ist, nicht vergessen, als ich fühlte. Trotzdem, ich wage das Verderben, bringen die Tage nichts Neues, einen Gedanken, zwei? Ich warte am Ende eines verschlagenen Eimers auf den Witz des Stehens. Fragt man mich? Nur ich bin Antwort, Antwort der Reaktion auf These und Anti, ein Spiel leerer Tatsächlichkeiten, unerhört, die Eitelkeit eine hinfällige Tante ohne Nachlass, die Augen Steine des aufgeschwemmten Sandes. Keine Dunkelheit der verborgenen Blüten, die knospende Ehrfurcht verhungert vor dem Portal einer gefüllten Kathedrale, doch weder drinnen noch draußen ist es gut, jetzt!
Vielleicht später in der berauschenden Zufriedenheit eines dahingeflogenen Tages, in der Vernebelung des Bewusstseins tragen dann offene Beleidigungen das Schwert des Erfolges. Was bringt uns weiter? Ist die Notlösung eine Sackgasse?

Nachzug

So bin ich allein. Vergessen ist …

Nicht vergessen!

… als ich fühlte. Trotzdem, ich wage das Verderben, bringen die Tage nichts Neues.

Einen Gedanken – zwei!?

Ich warte am Ende eines verschlagenen Eimers auf den Witz des Stehens. Fragt man mich, nur ich bin Antwort, Antwort der Reaktion auf These und Anti, ein Spiel leerer Tatsächlichkeiten, unerhört, die Eitelkeit eine hinfällige Tante ohne Nachlass, die Augen Steine des aufgeschwemmten Sandes. Keine Dunkelheit der verborgenen Blüten, die knospende Ehrfurcht verhungert vor dem Portal einer gefüllten Kathedrale. Doch weder drinnen noch draußen ist es gut.

Jetzt!

Vielleicht später in der berauschenden Zufriedenheit eines dahingeflogenen Tages, in der Vernebelung des Bewusstseins, tragen dann offene Beleidigungen das Schwert des Erfolges.

Was bringt uns weiter? Ist die Notlösung eine Sackgasse?

<u>Deutung</u>
> Tagebucheintrag inspiriert

<u>Nachzug</u>
> Synonyme für „nachziehen" sind nach dem Duden unter anderem „aufarbeiten, das Gleichgewicht wiederherstellen". – Im Wörterbuch der deutschen Sprache von Bertelsmann (Wö. d. dt. Spr. v. Be.) hat „Zug" an 25. Stelle die Bedeutung von „Art und Weise zu schreiben oder zu zeichnen".

So bin ich allein.
> Nämlich von meiner Freundin verlassen
Vergessen ist …

Nicht vergessen!

… als ich fühlte.

> Nämlich meine Gefühle in der Zeit, wo ich mit meiner Freundin noch zusammen war.

Trotzdem, ich wage das Verderben,

> Nämlich mein Leben, das mich dem Tod näher bringt.

bringen die Tage nichts Neues.

Einen Gedanken – zwei!?

> Im Wö. d. dt. Spr. v. Be. wird „Gedanke" an erster Stelle definiert als „etwas, das gedacht wird oder worden ist, Inhalt, Vorgang, Ergebnis des Denkens, Einfall, Idee".

Ich warte am Ende eines verschlagenen Eimers auf den Witz des Stehens.

> „Jemanden an einen Ort verschlagen" hat nach dem Wö. d. dt. Spr. v. Be. die Bedeutung von „jemanden zufällig an einen Ort geraten lassen", zum Beispiel: „das Schicksal hat ihn in die Einöde verschlagen". – „In der Traumsprache symbolisieren Gefäße aller Art meist den Leib der Frau und die weibliche Se-

xualität. Das gilt nicht nur für Gefäße mit runden Formen, sondern ebenso für Dosen, Kästen, Koffer, Körbe, Schachteln und Taschen ...“ (Günter Harnisch). – Im Wö. d. dt. Spr. v. Be. hat „Witz“ an fünfter Stelle die Bedeutung von „unsinnige, groteske Sache“, zum Beispiel „das ganze Unternehmen ist ja ein Witz“. – Zu „stehen“ heißt es bei Günter Harnisch: „Je sicherer man auf beiden Beinen steht, umso günstiger ist die Bedeutung dieses Traumbildes. Es deutet auf Festigkeit, Zuverlässigkeit, Selbstbewusstsein und die Fähigkeit zu vernünftig durchdachtem Handeln.“

Fragt man mich, nur ich bin Antwort, Antwort der Reaktion auf These und Anti,

> Das dachte ich infolge meiner damaligen Wissenschaftsgläubigkeit.

ein Spiel leerer Tatsächlichkeiten,

> Im Wö. d. dt. Spr. v. Be. hat „leer“ an dritter Stelle (im übertragenen Sinn) die Bedeutung von „geistlos, ohne Inhalt“.

unerhört,

> Im Wö. d. dt. Spr. v. Be. hat „unerhört" an zweiter Stelle die Bedeutung von „schändlich, empörend". – „Jemanden erhören" hat im gleichen Wörterbuch die Bedeutung von „jemandes Bitte erfüllen", zum Beispiel „der Himmel hat ihr Flehen erhört".

die Eitelkeit eine hinfällige Tante ohne Nachlass,

> Also die Eitelkeit hier als „hinfällige Tante". – Im Wö. d. dt. Spr. v. Be. hat „Nachlass" an erster Stelle die Bedeutung von „Gesamtheit dessen, was ein Verstorbener hinterlässt".

die Augen Steine des aufgeschwemmten Sandes.

> „Im Volksmund bezeichnet man die Augen als den Spiegel der Seele. Das Auge hat im Traum die Symbolbedeutung eines Bewusstseinsorgans …" (Günter Harnisch). – In meinen inspirierten Tagebuchtexten vergleiche ich uns Menschen bzw. werden wir Menschen des Öfteren mit Steinen verglichen, die ja wie wir körperlich aus Materie bestehen und die dazu im übertragenen Sinn As-

pekte unseres seelisch-geistigen Verhaltens darstellen. – „In der Traumsprache ist Sand meist ein Symbol für Zeit und Vergänglichkeit …“ (Günter Harnisch)

Keine Dunkelheit der verborgenen Blüten,

> „Was im Dunkel liegt, kann man nicht durchschauen und nicht begreifen. Damit sind Gedanken, Gefühle und Handlungen gemeint …“ (Günter Harnisch). – „Blumen und Blüten sind allgemein als Symbolbilder für den Gefühlsbereich zu verstehen …“ (Günter Harnisch)

die knospende Ehrfurcht verhungert vor dem Portal einer gefüllten Kathedrale.

> Also außerhalb der Kirche

Doch weder drinnen noch draußen ist es gut.

Jetzt!

Vielleicht später in der berauschenden Zufriedenheit eines dahingeflogenen Tages, in der Vernebelung des Bewusstseins, tragen dann offene Beleidigungen das Schwert des Erfolges. Was bringt uns weiter? Ist die Notlösung eine Sackgasse?

➢ Im Wö. d. dt. Spr. v. Be. wird „Notlösung" definiert als „vorübergehende, nicht befriedigende, aber unter den gegebenen Umständen einzig mögliche Lösung".

<u>25. Mai 1960</u>

Zeughaus, oh, Du, Zeughaus
Du bist darin
mit verglasten Fenstern
eine Tür der Dämmerung
der schleichenden Nacht
eine plastische Hülle

An dem Weg
steht,
das unmögliche Gefühl
wartet auf den Zwischenraum
hört die Empfindsame

die wechselnden
im geschweiften Disput
findet er sich
Nebel über Nebel
Sonne über Sonne

<u>An das An</u>

Losen wir um das Glück
eine kleine Stunde
zwischen den Grenzen
tröstendes Herz
entschlafende Müdigkeit

Wir verehren dich
wie die Ahnen den Gott
den manchmal noch restlichen
ist es schwer
wie die Zahl geteilt durch eins

Aberglauben, bist Du es wert
dir zu opfern, die Kompensation
genügt nicht
eine neue Schranke
aus Licht.

Das Tier

Und ich spielte mit ihm,
einem runden Ball aus Erde
der lag da, wo er lag
es war die Wirklichkeit
so unglaublich rund war er

Dann streckten seine Beinchen
die nackten Zehen
und es geschah
dass die Erde lief
und sie lief Stunden

Im Gehege der Fütterung
blieb es für die Komposition

denn als der Wärter kam
machte es den Gang zur Krippe
und fand diese voll

Zu dieser Zeit
riefen die Schweine
der Bauer, bestürzt
hängt an der Strippe
und weiter läuft's

Windeln wir das Kind
und füllen die Kästen
der entrankenden Blumen
mit wachsendem Papier –
ist wie zum Spott

Aber die Gescheiten sind wir alle
der Spruch zum Nachtmahl
ein versoffenes Geflüster
stirbt die Natürlichkeit
zur abgeschmackten Freiheit

Das Gehege des Tieres
birgt nur Mist und
am Abend der Perversität
holen die Geschmäcker
ihr Eigenes

Dann ist es da
aus flinker Lebendigkeit

nicht das was ihr meint
und doch
mit vielen Gliedern am Leib

<u>Aufgliederung des Textes</u>

Zeughaus, oh du Zeughaus!

Du bist darin!

Mit verglasten Fenstern.

Eine Tür der Dämmerung!

Der schleichenden Nacht.

Eine plastische Hülle!

An dem Weg
steht
das unmögliche Gefühl,
wartet auf den Zwischenraum,
hört die Empfindsame
die wechselnden ...

**Im geschweiften Disput
findet er sich!**

Nebel über Nebel.

Sonne über Sonne!.

—

<u>An das An</u>

Losen wir um das Glück?

Eine kleine Stunde!
Zwischen den Grenzen tröstendes Herz,
entschlafende Müdigkeit!

Wir verehren Dich,
wie die Ahnen, den Gott,
den manchmal noch restlichen.

Ist es schwer?

Wie die Zahl geteilt durch eins.

Aberglauben!

Bist Du es wert, Dir zu opfern?

Die Kompensation genügt nicht!

Eine neue Schranke?

Aus Licht!

—

Das Tier

Und ich spielte mit ihm,
einem runden Ball aus Erde,
der lag da, wo er lag.
Es war die Wirklichkeit.
So unglaublich rund war er.

Dann streckten seine Beinchen die nackten Zehen,
und es geschah,
dass die Erde lief,
und sie lief Stunden.

Im Gehege der Fütterung
blieb es für die Komposition,
denn als der Wärter kam,
machte es den Gang zur Krippe
und fand diese voll.

Zu dieser Zeit
riefen die Schweine.
Der Bauer, bestürzt,
hängt an der Strippe,
und weiter läuft's.

Windeln wir das Kind
und füllen die Kästen
der entrankenden Blumen
mit wachsendem Papier –

ist wie zum Spott!

Aber die Gescheiten sind wir alle.
Der Spruch zum Nachtmahl,
ein versoffenes Geflüster,
stirbt die Natürlichkeit
zur abgeschmackten Freiheit.

Das Gehege des Tieres
birgt nur Mist, und
am Abend der Perversität
holen die Geschmäcker
ihr Eigenes.

Dann ist es da,
aus flinker Lebendigkeit,
nicht das, was Ihr meint,
und doch,
mit vielen Gliedern am Leib.

<u>Erläuterung und Deutung</u>
  ➢ Tagebucheintrag inspiriert

Zeughaus, oh du Zeughaus!
  ➢ Im Wörterbuch der deutschen Sprache
    von Bertelsmann (Wö. d. dt. Spr. v. Be.)
    wird „Zeughaus" definiert als „Gebäude

zum Aufbewahren von Kriegsgerät". –
Im gleichen Wörterbuch hat „Zeug" an
dritter Stelle die Bedeutung von „(häufig in Zusammensetzungen) Geräte für
einen bestimmten Zweck (Arbeitszeug,
Schreibzeug, Waschzeug)". – Synonyme
für „Zeug" sind nach Thesaurus unter
anderem „Kram, Material, Plunder,
Ramsch". – „Sich ins Zeug legen" bedeutet nach dem Duden unter anderem
„sich abkämpfen, sich abmühen, sich
anstrengen, sich beeilen, bekämpfen
für". – „Das Haus stellt im Traum das
Gehäuse der Seele dar. Entsprechend
informieren die einzelnen Räume über
die verschiedenen seelischen Funktionen
..." (Günter Harnisch)

Du bist darin!

Mit verglasten Fenstern.

> „Glas im Traum kann auf die Zerbrech-
> lichkeit einer Beziehung oder auf Über-
> empfindlichkeit des Träumenden hin-
> weisen. Eine Glaswand, die zwischen

dem Träumenden und einer anderen Person besteht, deutet auf Störungen in der Kommunikation zu dieser Person hin ...'' (Günter Harnisch)

Eine Tür der Dämmerung!

> Nämlich die ,,verglaste Fenster''. – ,,Tür und Tor zeigen im Traum Zugangsmöglichkeiten an, deren Art sich aus der weiteren Traumhandlung bestimmen lässt. Entsprechend lassen sich auch verschlossene oder fehlende Türen deuten.'' (Günter Harnisch). – Zu ,,Dämmerung'' bzw. ,,Morgen'' schreibt der gleiche Autor: ,,Der Morgen, die Morgendämmerung, die Morgenröte, der Sonnenaufgang – diese Zeitangaben im Traum haben positive Bedeutung. Etwas Wesentliches rückt in das Bewusstsein des Träumenden.''

Der schleichenden Nacht.

> Im Wö. d. dt. Spr. v. Be. hat ,,schleichen'' an zweiter Stelle die Bedeutung von ,,mühsam, mit Anstrengung und

langsam gehen". – „Die Nacht stellt im Traum den gesamten Bereich des Unbewussten dar, der im Dunkeln liegt." (Günter Harnisch)

Eine plastische Hülle!

➤ Im Wö. d. dt. Spr. v. Be. hat „plastisch" an dritter Stelle (im übertragenen Sinn) die Bedeutung von „anschaulich, bildhaft". – Synonyme für „plastisch" sind nach dem Duden an erster Stelle „formbar, knetbar,, modellierfähig".

An dem Weg

➤ „Straßen oder Wege erscheinen im Traum als Symbole des Lebenswegs …" (Günter Harnisch)

steht

➤ Im Wö. d. dt. Spr. v. Be. hat „stehen" an vierter Stelle die Bedeutung von „sich an einer Stelle befinden".

das unmögliche Gefühl,

➤ Nämlich das Gefühl, sterben zu müssen.

wartet auf den Zwischenraum,

> ➤ Nämlich auf den zeitlichen Zwischen-
> raum bis zu seinem Tod.

hört die Empfindsame

> ➤ Im Wö. d. dt. Spr. v. Be. hat „empfind-
> sam" an erster Stelle die Bedeutung
> von „fein empfindend, leicht auf Ein-
> drücke und (besonders seelische) Reize
> reagierend" und an zweiter Stelle von
> „(poetisch) gefühlvoll".

die wechselnden ...

> ➤ die wechselnden (Stimmen)

Im geschweiften Disput

> ➤ Nach dem Wö. d. dt. Spr. v. Be. hat
> „schweifen" (ohne Objekt) die Bedeu-
> tung von „ohne bestimmtes Ziel wan-
> dern". – Im gleichen Wörterbuch wird
> „Disput" definiert als „Wortwechsel,
> lebhafte Erörterung, Streitgespräch".

findet er sich!

Nebel über Nebel.

> ➤ „Wie der Nebel in der Wirklichkeit ge-
> naues Erkennen und Orientierung ver-
> hindert, so gilt er auch in der Traum-

222

sprache als Symbol für Ungewissheit, Zweifel, Unsicherheit und Sinnestäuschung." (Günter Harnisch)

Sonne über Sonne!.

➢ „Die Sonne ist eines der positivsten Traumsymbole. Sie kennzeichnet im Traum stets produktive schöpferische Energie, die künstlerische Ideen oder Bewusstseinsprozesse in Gang bringt." (Günter Harnisch). – „Die positive (männliche) Kraft der Seele, Energiesymbol des Lebens, des Schöpferischen, des Befruchtenden, denn in den meisten Kulturen wird die Sonne als männlich angesehen. Wo sie im Traum aufgeht, da ist Erfolg in allen Lebensbereichen zu erwarten. Wo sie untergeht, mündet eine Glücksphase ins Alltägliche. Die leuchtende Kraft der Sonne erhellt unser Bewusstsein und macht uns für neue und gute Taten bereit ..." (Georg Fink). – „... Das leuchtendste und größte Energiesymbol ist die Sonne. Wo sie

im Traum aufgeht, ist stärkste Wirkung, ist ein tätiger Morgen zu erwarten. Nur in den Wüstenträumen kann
die sengende Glut dem Wanderer den
Tod bringen. Sonst aber ist sie die Bringerin des Lebens, des Schöpferischen,
Befruchtenden. Sonnenuntergänge aber
sind im Traum meist von negativer Bedeutung, eine Bewusstseinsphase geht
zu Ende." (Ernst Aeppli). — „... Betrachten wir die Sonne (Orange) und
die Erde (Blau), so finden wir in ihnen
Urbild und Vorbild des Liebens. Das war
auch der Inhalt der Sonnenreligion Altägyptens und wird auch die Religion des
Wassermannzeitalters, des Evangeliums
der Sonne sein." (Heinrich Elijah Benedikt)

—

<u>An das An</u>

> ➢ Das heißt, ich wusste zu dieser Zeit nicht, an wen das, was ich schrieb, gerichtet war.

Losen wir um das Glück?

> ➢ Nach dem Wö. d. dt. Spr. v. Be. hat „losen" die Bedeutung von „das Los werfen oder ziehen", das heißt, „das Los entscheiden lassen".

Eine kleine Stunde!
Zwischen den Grenzen tröstendes Herz,

> ➢ „Das Herz ist das Symbol für körperliche Lebensenergie, aber auch für Liebe, für Gefühlsfähigkeit. Nach der Symbolik des Mittelalters war das Herz das Bild der Sonne im Menschen. Auch dieses Bild weist deutlich auf die Bedeutung dieses Organs für die Versorgung mit Lebensenergie hin ..." (Günter Harnisch)

entschlafende Müdigkeit!

> ➢ Im Wö. d. dt. Spr. v. Be. hat „entschlafen" an erster Stelle die Bedeutung von

„einschlafen" und an zweiter Stelle von „(meist verhüllend) sterben".

Wir verehren Dich,
wie die Ahnen, den Gott,
den manchmal noch restlichen.

Ist es schwer?

Wie die Zahl geteilt durch eins.

Aberglauben!

Bist Du es wert, Dir zu opfern?

Die Kompensation genügt nicht!
> ➢ Im Wö. d. dt. Spr. v. Be. hat „Kompensation" an erster Stelle die Bedeutung von „Ausgleich, Aufwiegung" und an zweiter Stelle von „Erstattung, Vergütung, Verrechnung".

Eine neue Schranke?

Aus Licht!
> ➢ „Licht ist Symbol für Bewusstsein, Verstand, Erkenntnisvermögen, geistige und gefühlsmäßige Klarheit, Ausgegli-

chenheit und Lebenskraft, Hoffnung und Freude am Leben ..." (Günter Harnisch)

–

<u>Das Tier</u>

> „Tiere verkörpern im Traum die Naturseite des Menschen. Sie vertreten gleichsam die Instinkte und Ahnungen ..." (Günter Harnisch)

Und ich spielte mit ihm,
einem runden Ball aus Erde,

> Wohl der Erdball. – „Im Schoß der Erde liegt die Saat. Sie reift zu neuem Leben heran. Dementsprechend weist Erde als Traumsymbol meist auf Körperlichkeit, Fruchtbarkeit, Mütterlichkeit und Nähren hin ..." (Günter Harnisch)

der lag da, wo er lag.

> Nämlich auf seiner Bahn um die Sonne

Es war die Wirklichkeit.

> Im Wö. d. dt. Spr. v. Be. wird „Wirklichkeit" definiert als „Gesamtheit, Bereich dessen, was vorhanden ist, was

erfahren und wahrgenommen wird, Bereich der Erscheinungen und Gegebenheiten".

So unglaublich rund war er.

> Im Wö. d. dt. Spr. v. Be. hat „rund" an vierter Stelle (im übertragenen Sinn) die Bedeutung von „schön, vollendet".

Dann streckten seine Beinchen die nackten Zehen,

> „Das Bein gibt im Traum Aufschlüsse über die Lebenseinstellung. Unsere Sprache verwendet im übertragenen Sinne die Begriffe Gehen, Stehen, Fortschritt, Rückschritt für entsprechende Lebenssituationen ..." (Günter Harnisch)

und es geschah,
dass die Erde lief,

> „Da formte Gott der Herr den Menschen aus Erde vom Ackerboden und blies in seine Nase den Lebensatem. So wurde der Mensch zu einem lebendigen Wesen." (1. Mose 2:7)

und sie lief Stunden.

> Also stundenlang

Im Gehege der Fütterung
blieb es für die Komposition,

> Im Wö. d. dt. Spr. v. Be. hat „Komposi-
> tion" an erster Stelle die Bedeutung
> von „Zusammensetzung, Anordnung"
> und an zweiter Stelle von „Aufbau (ei-
> nes Bildes, eines literarischen Werkes)".

denn als der Wärter kam,
machte es den Gang zur Krippe
und fand diese voll.

> Im Wö. d. dt. Spr. v. Be. hat „Krippe"
> an erster Stelle die Bedeutung von
> „Futtertrog mit gekreuzten Beinen (für
> Wild und Großvieh)" und an zweiter
> Stelle von „Darstellung der Heiligen
> Familie mit dem Jesuskind in der Krip-
> pe".

Zu dieser Zeit
riefen die Schweine.

> „Das Schwein kann die aus dem Alltag
> bekannte Bedeutung als Glückssymbol
> manchmal auch im Traum haben. Es
> kann aber auch die natürliche Ge-
> schlechtlichkeit der Menschen, Zeu-

gungsvorgänge und weibliche Fruchtbarkeit darstellen ..." (Günter Harnisch)
Der Bauer, bestürzt,

> ,,Träume von einem Bauern oder von
> einem Bauernhof betonen die Naturseite
> des Träumenden. Sie weisen auf ein na-
> turnahes Leben hin ..." (Günter Har-
> nisch)

hängt an der Strippe,

> ,,An der Strippe hängen" bedeutet nach
> dem Wö. d. dt. Spr. v. Be. ,,telefonie-
> ren".

und weiter läuft's.

> Nämlich das ,,Tier"

Windeln wir das Kind
und füllen die Kästen
der entrankenden Blumen

> ,,Blumen und Blüten sind allgemein als
> Symbolbilder für den Gefühlsbereich zu
> verstehen ..." (Günter Harnisch)

mit wachsendem Papier –
ist wie zum Spott!

Aber die Gescheiten sind wir alle.
Der Spruch zum Nachtmahl,

ein versoffenes Geflüster,
stirbt die Natürlichkeit
zur abgeschmackten Freiheit.

> ➤ *Nachdem Wö. d. dt. Spr. v. Be. hat „ab-*
> *geschmackt" die Bedeutung von „geist-*
> *los, unangebracht und dumm".*

Das Gehege des Tieres
birgt nur Mist, und
am Abend der Perversität
holen die Geschmäcker
ihr Eigenes.

Dann ist es da,
aus flinker Lebendigkeit,
nicht das, was Ihr meint,
und doch,
mit vielen Gliedern am Leib.

<u>12. Juni 1960</u>

a. M. (alter Mann): Es ist da hoffentlich nichts Schlimmes passiert?!

a. F. (alte Frau): Zum Verrücktwerden ist diese Hitze! Die Scheißatombomben!

a. M.: Nur keine Sorge! Kommt Zeit, kommt Rat!

a. F.: Dreimal wurde er schon verwarnt, hört Ihr?! Dreimal!

a. M.: Es hilft einfach nichts. Man geht vor wie Blücher!

a. F.: Ja, das waren Zeiten, hi, hi, hi!

a. M.: Ihr solltet schamrot werden!

a. F.: Warum nur, warum nur? Stört mein altes Vergnügen nicht!

a. M.: Diese Weiber, immer dasselbe! Alles lieben sie und lieben sich durch das Leben!

a. F.: Der Heiland ist gekommen!

a. M.: O weh, meine Sünden!

a. F.: Er will wieder erlösen!

a. M.: Netter Mann!

a. F.: Allerdings neuartig!

a. M.: Das muss sein!

a. F.: Und ob!

a. M.: Gehen wir zu ihm! Dann sind wir als erste dran!

a. F.:   Ich kann auch diese Schlangen nicht lei-
den!
a. M.: Entsetzlicher Gedanke!
a. F.: Aber für den Himmel muss man was tun!
a. M.: Darum gehen wir, ja!?
a. F.: Ja, das wollen wir tun!
a. M.: Gehen wir!
a. F.: Wir gehen! (ab)

<u>16. September 1960</u>

In letzter Zeit wenig Schlaf, viel Arbeit fürs Vorphysikum. Im Allgemeinen bedeutend positivere Einstellung mit der Hoffnung, das Nichts überwindend zu einer realen Vitalität zurückzufinden. Viel zu der Zufriedenheit trägt das tägliche Pensum bei, viel eine größere Aufmerksamkeit für Banalitäten, viel die Absicht, die Bemühungen um „philosophische Weisheiten" wieder aufzunehmen. Ansonsten mag man meine Brutalität, die mit jedem starken Lebensprozess verbunden ist, verzeihen. Sie ist ja eigentlich nur untergeordnet in der Bewertung, in der Praxis aber aus Gründen der Selbsterhaltung äußerst wach.

<u>Erläuterung</u>

In letzter Zeit wenig Schlaf, viel Arbeit fürs Vorphysikum. Im Allgemeinen bedeutend positivere Einstellung mit der Hoffnung, das Nichts überwindend

> *Nämlich meine Vorstellung, nach dem Tod nicht mehr zu existieren.*

zu einer realen Vitalität zurückzufinden. Viel zu der Zufriedenheit trägt das tägliche Pensum bei,

> Gemeint ist das tägliche Pensum an
> Arbeit, an Aufgaben.

viel eine größere Aufmerksamkeit für Banalitäten, viel die Absicht, die Bemühungen um „philosophische Weisheiten" wieder aufzunehmen.

> In einem langen, inspirierten Gedicht
> vom 23. Dezember 1957 heißt es, auf
> mich bezogen: „Der kleine Knabe wollte
> wissen, und wollte es, bei Gott, nicht
> missen, was all den Großen war be-
> kannt, und diesem ist er nachgerannt."

Ansonsten mag man meine Brutalität,

> Hier habe ich sicherlich übertrieben. Im
> Wörterbuch der deutschen Sprache von
> Bertelsmann wird „Brutalität" definiert
> als „brutales Verhalten, Rohheit, Ge-
> walttätigkeit".

die mit jedem starken Lebensprozess verbunden
ist, verzeihen. Sie ist ja eigentlich nur untergeordnet in der Bewertung, in der Praxis aber aus
Gründen der Selbsterhaltung äußerst wach.

> Das stimmt so nicht. Denn wenn ich
> davon ausgehe, dass unser Leben nur
> ein Reagieren ist, ist das Wort Brutali-
> tät wohl fehl am Platz. Dazu kann das,

was „Leben" von seinem eigentlichen Wesen her ist, von uns Menschen im Allgemeinen nur vage erahnt werden. Erst in der Nachfolge Jesu, das heißt im Praktizieren einer uneigennützigen Liebe, erfahren wir mehr darüber.

Und dann flogen sie dreikantig

An einem schönen Sommertag, gewissermaßen vor der Zeit, ließen die müden Hände das Werkzeug fallen und schoben sich in die Tasche. Das kommt oft vor, so oft, dass niemand mehr daran Anstoß nimmt. Wie spät es um diese Zeit gewesen ist, war und wird immer ein Rätsel bleiben; denn zu allem, was diesen Augenblick veranlasste, war das Zeitnehmen ein Zuviel.
Auf der Straße, besser auf diesem unbefestigten Weg vor der Arbeitsstelle, war es so schön und warm wie in der nächsten Umgebung, die eben auch noch von dem Hochdruck zu profitieren verstand. Lächerlich und absurd, sollte man meinen, aber in der Tat, es war so – so schön. Zwei müde Beine bewegen sich die Treppe hinunter und fallen beinahe von der letzten Stufe. Das kann manchmal gefährlich werden, besonders wenn eine Tragik daraus erwachsen könnte. Ich denke da an eine unversorgte Familie in der Einzahl, im Plural wäre es sogar der Garaus eines ganzen Volksstammes. So ist es – traurig, aber wahr. Doch an so schönen Tagen soll man sich nicht die Laune mit philosophischen Durchbrüchen verderben, soll man lieber den Kragenknopf öffnen und die behaarte Brust, sofern eine vor-

handen ist, dem einschmeichelnden Süd-West aussetzen.

Nun aber ist die letzte Stufe glücklicherweise geschafft und eine neue Perspektive eröffnet sich einem aufstaunenden Augenpaar, die Perspektive, nicht der Perspektive, sondern die Perspektive der Potenz. Es ist nicht still auf der Straße, nicht laut, es ist die übliche für uns Menschen zurecht gemachte akustische Ummalung des Alltags. Da fährt ein Moped mit drei Phon extra, wir denken schön. Ihm entgegen kommt dafür das Superauto, dem der Stolz über seine lautlose Mobilität geradezu aus den chromblitzenden überdimensionalen Lampen leuchtet. Staunend bleibt unser müder Arbeiter stehen, und in dem Gedanken, seine Zukunft auch einmal verchromen zu können, wird er von einem typisch deutschen Radfahrer übersehen. Daran ist nichts mehr zu ändern, abgesehen vom Gips, dessen chemische Formel, wenn ich recht orientiert bin, $CaSO_4\text{-}2H_2O$ lautet. Haste was, dann gilste was, und so gipst dann eine Stunde später der städtische Sanierungsleiter dem armen Mann das demolierte Bein ein – fach- und kunstgerecht, wie es sich für einen Würdenträger ziemt. Denn ob in Gips oder in Marmor die Plastik, zum Ausdruck kommt doch immer die Klassik – manchmal über Um- und Seitenwege und aus hohlen Gassen unter dem roten Mond. Der Mensch als schöpfendes! Individuum lässt sich nun einmal nicht verleugnen, und wenn Adenauer noch so sehr dagegen ist.

Aufgliederung des Textes

An einem schönen Sommertag, gewissermaßen vor der Zeit, ließen die müden Hände das Werkzeug fallen und schoben sich in die Tasche. Das kommt oft vor, so oft, dass niemand mehr daran Anstoß nimmt. Wie spät es um diese Zeit gewesen ist, war und wird immer ein Rätsel bleiben; denn zu allem, was diesen Augenblick veranlasste, war das Zeitnehmen ein Zuviel.
Auf der Straße, besser, auf diesem unbefestigten Weg vor der Arbeitsstelle, war es so schön und warm wie in der nächsten Umgebung, die eben auch noch von dem Hochdruck zu profitieren verstand. Lächerlich und absurd, sollte man meinen ...

Aber in der Tat!

... es war so – so schön.

Zwei müde Beine bewegen sich die Treppe hinunter und fallen beinahe von der letzten Stufe. Das kann manchmal gefährlich werden, besonders wenn eine Tragik daraus erwachsen könnte. Ich denke da an eine unversorgte Familie in der Einzahl, im Plural wäre es sogar der Garaus eines ganzen Volksstammes.

So ist es!

traurig, aber wahr. Doch an so schönen Tagen soll man sich nicht die Laune mit philosophischen Durchbrüchen verderben, soll man lieber den Kragenknopf öffnen und die behaarte Brust, sofern eine vorhanden ist, dem einschmeichelnden Süd-West aussetzen.

Nun aber ist die letzte Stufe glücklicherweise geschafft, und eine neue Perspektive eröffnet sich einem erstaunenden Augenpaar, nicht die Perspektive der Perspektive, sondern die Perspektive der Potenz:

Es ist nicht still auf der Straße, nicht laut, es ist die übliche, für uns Menschen zurechtgemachte akustische Ummalung des Alltags. Da fährt ein Moped mit drei Phon extra. – Wir denken ...

Schön!

Ihm entgegen kommt dafür das Superauto, dem der Stolz über seine lautlose Mobilität geradezu aus den chromblitzenden überdimensionalen Lampen leuchtet. Staunend bleibt unser müder Arbeiter stehen, und in dem Gedanken, seine

Zukunft auch einmal verchromen zu können, wird er von einem typisch deutschen Radfahrer übersehen. Daran ist nichts mehr zu ändern, abgesehen vom Gips, dessen chemische Formel, wenn ich recht informiert bin, $CaSO_4 \cdot 2H_2O$ lautet. Haste was, dann giltste was. Und so gipst dann eine Stunde später der städtische Sanierungsleiter dem armen Mann das demolierte Bein ein, fach- und kunstgerecht, wie es sich für einen Würdenträger ziemt. Denn ob in Gips oder in Marmor die Plastik, zum Ausdruck kommt doch immer die Klassik – manchmal über Um- und Seitenwege und aus hohlen Gassen unter dem roten Mond. Der Mensch als schöpfendes! Individuum lässt sich nun einmal nicht verleugnen, auch wenn Adenauer noch so sehr dagegen ist.

<u>Deutung</u>

> ➤ Tagebucheintrag wohl gänzlich inspiriert.

<u>Und dann flogen sie dreikantig</u>

> ➤ Wohl zurückkommend auf das Ende meines Tagebucheintrags vom 16. September. – „Drei ist die Zahl des Geistes …" (Heinrich Elijah Benedikt in „Die Kabbala"). – Im Wörterbuch der deutschen Sprache von Bertelsmann (Wö. d. dt. Spr. v. Be.) hat „kantig" an erster Stelle die Bedeutung von „mit Kanten" und an dritter Stelle (im übertragenen Sinn)von „unharmonisch, nicht geschmeidig".

An einem schönen Sommertag, gewissermaßen vor der Zeit, ließen die müden Hände das Werkzeug fallen und schoben sich in die Tasche. Das kommt oft vor, so oft, dass niemand mehr daran Anstoß nimmt. Wie spät es um diese Zeit gewesen ist, war und wird immer ein Rätsel bleiben; denn zu allem, was diesen Augenblick veranlasste, war das Zeitnehmen ein Zuviel.

Auf der Straße, besser, auf diesem unbefestigten Weg vor der Arbeitsstelle,

> ,,Straßen oder Wege erscheinen im Traum als Symbole des Lebenswegs ...'' (Günter Harnisch)

war es so schön und warm wie in der nächsten Umgebung, die eben auch noch von dem Hochdruck zu profitieren verstand. Lächerlich und absurd, sollte man meinen ...

Aber in der Tat!

... es war so – so schön.
Zwei müde Beine bewegen sich die Treppe hinunter und fallen beinahe von der letzten Stufe.

> ,,Das Bein gibt im Traum Aufschlüsse über die Lebenseinstellung. Unsere Sprache verwendet im übertragenen Sinne die Begriffe Gehen, Stehen, Fortschritt, Rückschritt für entsprechende Lebenssituationen ...'' (Günter Harnisch). – ,,Die Treppe als Traumbild kennzeichnet Übergangssituationen. Dabei kann es sich um einen Aufstieg oder Abstieg handeln. Bilder von einem Auf-

stieg deuten auf einen Prozess des Bewusstwerdens hin." (Günter Harnisch)
Das kann manchmal gefährlich werden, besonders wenn eine Tragik daraus erwachsen könnte. Ich denke da an eine unversorgte Familie in der Einzahl, im Plural wäre es sogar der Garaus eines ganzen Volksstammes.

So ist es!

traurig, aber wahr. Doch an so schönen Tagen soll man sich nicht die Laune mit philosophischen Durchbrüchen verderben,

> Im Wö. d. dt. Spr. v. Be. hat „Durchbruch" an erster Stelle die Bedeutung von „das Durchbrechen", zum Beispiel „Durchbruch einer Idee".

soll man lieber den Kragenknopf öffnen und die behaarte Brust, sofern eine vorhanden ist, dem einschmeichelnden Süd-West

> Südwestwind. — „... Oft ist der Wind Hinweis auf starke geistige Energien ..." (Günter Harnisch)

aussetzen.
Nun aber ist die letzte Stufe glücklicherweise geschafft, und eine neue Perspektive eröffnet

sich einem erstaunenden Augenpaar, nicht die Perspektive der Perspektive,

> *Nach dem Wö. d. dt. Spr. v. Be. hat „Perspektive" im übertragenen Sinn die Bedeutung von „Zukunftsaussicht".*

sondern die Perspektive der Potenz:

> *Im Wö. d. dt. Spr. v. Be. hat „Potenz" an erster Stelle die Bedeutung von „Leistungsfähigkeit, Kraft, Macht" und an zweiter Stelle von „Fähigkeit zum Geschlechtsakt".*

Es ist nicht still auf der Straße, nicht laut, es ist die übliche, für uns Menschen zurechtgemachte akustische Ummalung des Alltags. Da fährt ein Moped mit drei Phon extra. – Wir denken ...

Schön!

Ihm entgegen kommt dafür das Superauto, dem der Stolz über seine lautlose Mobilität geradezu aus den chromblitzenden überdimensionalen Lampen leuchtet. Staunend bleibt unser müder Arbeiter stehen, und in dem Gedanken, seine Zukunft auch einmal verchromen zu können, wird er von einem typisch deutschen Radfahrer übersehen. Daran ist nichts mehr zu ändern, abgesehen vom Gips, dessen chemische Formel, wenn ich recht informiert bin, CaSO4-2H2O lautet. Haste was, dann giltste was.

Und so gipst dann eine Stunde später der städtische Sanierungsleiter dem armen Mann das demolierte Bein ein, fach- und kunstgerecht, wie es sich für einen Würdenträger ziemt. Denn ob in Gips oder in Marmor die Plastik, zum Ausdruck kommt doch immer die Klassik –

manchmal über Um- und Seitenwege und aus hohlen Gassen unter dem roten Mond.

hung zu Stimmungen und dem Monatszyklus der Frau." (Günter Harnisch) Der Mensch als schöpfendes! Individuum lässt sich nun einmal nicht verleugnen, auch wenn Adenauer noch so sehr dagegen ist.

➢ Möglicherweise sind hier Glaubensvorstellungen von Adenauer angesprochen.

> ➤ Inspirierte Verse, ohne weiteren Kom-
> mentar.

Sagenhaft

Auf rotgoldenen Dächern,
auf den fragenden Lippen,
über die weit ausgezogene Düne,
im Nebel der jungen Dämmerung

der Garten der Verlorenheit,
wie die tiefste Nacht im Licht.
Weinend sitzen die müden Menschen
in der bequemen Polsterung der Zeit.

Wohin fahren die Berge,
die entgleitenden Felder und Wiesen,
wohin tragen die schlagenden Räder,
wohin die geteerte Zeit?

Auf rotgoldenen Dächern
tagt das Gremium des Grauens.
Die Strahlen der untergehenden Sonne
spielen ihr verzweifeltes Spiel.

Auf den fragenden Lippen
keimt Blut aus kleinen Wunden,
keimen abscheuliche Gedanken,
keimt der geifernde Hass.

Über die weit ausgezogene Düne
führen Spuren im Sand.
Stürme treten sie nieder,
die Spuren im Sand.

Im Nebel der jungen Dämmerung
wachsen neue Konturen,
Umrisse werden Körper,
Körper Notwendigkeit.

Kolossale Anstrengungen in den letzten Wochen – kaum Schlaf: zum Dienst und Vorbereitung auf die Prüfung in Köln. Das macht mich missmutig, jawohl! Wer bleibt von solchen in die Enge treibenden Kräften, wir haben jetzt noch dazu zahllose Regentropfen am Tag, unberührt?? Ich möchte ihn sehen!!

Meine Vitalität, sofern die noch vorhandenen Reste regenerationsfähig sind, will ich demnächst mal pflegen, so gut, wie es eben ein Lernpfleger im 5. Monat kann.

Wie gesagt, es regnet draußen, wo ich zu allem Übel vor wenigen Minuten herkam. Allerdings tut mir diese unübersehbare Nässe nicht viel, nur macht sie die Straßen für mein Isetta furchtbar glatt und beschlägt sekundär, d.h. durch ihre schauerliche Kälte die inneren Glasscheiben. Das ist gemein.
Gemein ist auch, dass mir der Beginn der Obduktion, das interessante und imposante Abmeißeln der Schädeldecke entging – und gleich zweimal hintereinander. Ich bin gegen die Hinterhältigkeit des Schicksals aber gefeit, so nahm ich es mit Ruhe und Würde. Die erste Leiche, wirklich die erste Leiche, gestern, hatte schon etwas lange gelegen. Vielleicht, denn sie stank, geöffnet,

nicht ungekonnt, war sie ihrer eigenen Gasentwicklung erlegen gewesen. Doch so primitive Diagnosen sind zu arm für die großen Mediziner, darum man dann auch vielerlei Todesursachen festzustellen versuchte – das Wort Kettenreaktion fiel mitten unter das eigentümliche Geräusch schneidender Messer und schmatzender Därme – ein schönes Wort und so potent.

Erläuterung

Kolossale Anstrengungen in den letzten Wochen: Kaum Schlaf, zum Dienst und Vorbereitung auf die Prüfung in Köln.

> *Nämlich die Vorbereitung auf das Vorphysikum. – Während meines Medizinstudiums arbeitete ich immer wieder zwecks Geldverdienens in Krankenhäusern bzw. Kliniken. Dazu gehörten häufige Nachtdienste.*

Das macht mich missmutig, jawohl! Wer bleibt von solchen in die Enge treibenden Kräften – wir haben jetzt noch dazu zahllose Regentropfen am Tag – unberührt?? Ich möchte ihn sehen!!

Meine Vitalität, sofern die noch vorhandenen Reste regenerationsfähig sind, will ich demnächst mal pflegen, so gut, wie es eben ein Lernpfleger im 5. Monat kann.

> ➢ *Wir Medizinstudenten wurden im Rahmen unserer Aushilfstätigkeit in der Klinik als Lernpfleger geführt.*

Wie gesagt, es regnet draußen, wo ich zu allem Übel vor wenigen Minuten herkam. Allerdings tut mir diese unübersehbare Nässe nicht viel, nur macht sie die Straßen für meine Isetta furchtbar glatt und beschlägt sekundär, d. h. durch ihre schauerliche Kälte, die inneren Glasscheiben. Das ist gemein.

Gemein ist auch, dass mir der Beginn der Obduktion, das interessante und imposante Abmeißeln der Schädeldecke entging – und gleich zweimal hintereinander.

> ➢ *Die Worte „interessant“ und „imposant“ sind hier fehl am Platz.*

Ich bin gegen die Hinterhältigkeit des Schicksals aber gefeit. So nahm ich es mit Ruhe und Würde. Die erste Leiche – wirklich die erste Leiche – gestern hatte schon etwas lange gelegen.

> ➢ *Möglicherweise sah ich bei dieser Gelegenheit zum ersten Mal eine Leiche.*

Vielleicht war sie,

> Gemeint ist der oder die Kranke vor
> seinem bzw. ihrem Tod.

denn sie stank geöffnet nicht ungekonnt,

> Nämlich seine oder ihre Leiche.

ihrer eigenen Gasentwicklung erlegen gewesen.

> Zu Gas heißt es im Traumlexikon von
> Günter Harnisch: „Dieses Traumbild gilt
> als Symbol für schädliche Einflüsse, Ge-
> danken und Gefühle. Gemeinheit und
> Bösartigkeit können mit diesem Bild
> gemeint sein, alles, was den Wertvor-
> stellungen des Träumenden entgegen-
> steht …“

Doch so primitive Diagnosen sind zu arm für die
großen Mediziner, darum man dann auch vielerlei Todesursachen festzustellen versuchte. Das
Wort Kettenreaktion fiel mitten unter das eigentümliche Geräusch schneidender Messer und
schmatzender Därme –

> Im Wörterbuch der deutschen Sprache
> von Bertelsmann hat „Kettenreaktion“
> an zweiter Stelle (im übertragenen
> Sinn) die Bedeutung von „mehrere, ei-
> nander folgende Vorgänge (die sich aus
> einem vorherigen ähnlichen Vorgang

ergeben)“, zum Beispiel „dieses Ereignis hat eine ganze Kettenreaktion ausgelöst“.

ein schönes Wort und so potent.

> ➤ Nämlich die Kettenreaktion, unter anderem bei der Kernspaltung mit ihren verschiedenen Anwendungsmöglichkeiten.

T.B.

Ein etwas lächerlicher Zustand, die Hand mit dem Stift, darunter unbeschriebenes Papier mit einer heischenden Überschrift, darüber ein Kopf mit dem festen Willen, einiges bzw. Einige Gedanken zur Lage (?) Zu bringen — und die fehlende Phantasie. Alles, jede finstere Ecke des Neurocraniums ist ausgefüllt mit Trematoden und Parenchymiern, mit Regulationseiern und konjugierenden Ciliaten. Das ist ein Witz, der mich, wenn der Abend nicht schon den Morgen küsste, den Morgen der Prüfung küsste, vor Wut erzittern ließe! Was soll man machen. Das Leben ist halt ein Kampf, den zu gewinnen nicht einfach ist. Menschen gibt's, die hören aus der Ferne das Schlachtgetümmel und entfernen sich. Ihre große Schande ist, niemals bemerkt zu werden, auch nicht von Gleichgesinnten, denn ihre müden Lider besitzen nicht mehr die Kraft, die Sonne hereinzulassen. Wust ist ein solcher Zustand, — eine Kette von sich steigernden Zuständen, die unweigerlich am Ende den Wein sauer werden lassen. Hören und sehen wir sie nicht, um unseretwillen! — und werden wir einfach zu devoten Anhängern und Verehrern der großen Rhabarberpflanze! Sie ist der Anbetung wert!

<u>Deutung</u>

> ➢ Wegen der Doppeldeutigkeit verschiedener Textstellen, die von mir nicht beabsichtigt war, und auch wegen des überwiegend ungewöhnlichen Schreibstils gehe ich davon aus, dass dieser Tagebucheintrag mithilfe der Inspiration zustande kam.

T.B.

> ➢ Gemeint ist in Verbindung mit dem nachfolgenden Text das Tagebuch

Ein etwas lächerlicher Zustand: die Hand mit dem Stift, darunter unbeschriebenes Papier mit einer heischenden Überschrift,

> ➢ Nämlich „Tagebuch". – Nach dem Wörterbuch der deutschen Sprache von Bertelsmann (Wö. d. dt. Spr. v. Be.) hat „heischen" die Bedeutung von „fordern, verlangen, mit Nachdruck um etwas bitten", zum Beispiel „diese Arbeit heischt meine ganze Aufmerksamkeit".

darüber ein Kopf mit dem festen Willen, einiges bzw. einige Gedanken zur Lage zu bringen, und die fehlende Fantasie. Alles, jede finstere Ecke des Neurocraniums,

> Nach dem Fremdwörterlexikon von Wahrig ist das „Neurocranium" der „Teil des Schädels, der das Gehirn umschließt".

ist ausgefüllt mit Trematoden

> Nämlich durch die Vorbereitung auf meine Prüfung in Zoologie im Rahmen des Vorphysikums. – Trematoden sind Saugwürmer.

und Parenchymiern,

> Gemeint sind die parenchymatösen Würmer.

mit Regulationseiern

> Nach dem „Medizinlexikon" sind Regulationseier „Eier, bei denen die Differenzierung im Ablauf der Entwicklung erfolgt und nicht von Anfang an determiniert ist."

und konjugierenden Ciliaten.

> Die Ciliaten sind Wimpertierchen. – Im Fremdwörterlexikon von Wahrig wird Konjugation an zweiter Stelle übersetzt mit „vorübergehende Vereinigung von

Einzellern zum Austausch genetischen Materials".

Das ist ein Witz,

> Im Wö. d. dt. Spr. v. Be. hat „Witz" an fünfter Stelle die Bedeutung von „unsinnige, groteske Sache", zum Beispiel „das ganze Unternehmen ist ja ein Witz".

der mich, wenn der Abend nicht schon den Morgen küsste, den Morgen der Prüfung küsste,

> Nämlich der Prüfung in Zoologie.

vor Wut erzittern ließe! Was soll man machen. Das Leben ist halt ein Kampf, den zu gewinnen nicht einfach ist. Menschen gibt's, die hören aus der Ferne das Schlachtgetümmel und entfernen sich. Ihre große Schande ist, niemals bemerkt zu werden, auch nicht von Gleichgesinnten, denn ihre müden Lider besitzen nicht mehr die Kraft, die Sonne hereinzulassen.

> „Alle im Traum auftretenden Personen können bestimmte Aspekte der Persönlichkeit des Träumenden wiedergeben. [...] Bekannte und Freunde verkörpern dagegen vertraute Wesenszüge, Gedanken und Gefühle ..." (Günter Harnisch). – „Die Sonne ist eines der positivsten

Traumsymbole. Sie kennzeichnet im Traum stets produktive schöpferische Energie, die künstlerische Ideen oder Bewusstseinsprozesse in Gang bringt." (Günter Harnisch). – „Die positive (männliche) Kraft der Seele, Energiesymbol des Lebens, des Schöpferischen, des Befruchtenden, denn in den meisten Kulturen wird die Sonne als männlich angesehen. Wo sie im Traum aufgeht, da ist Erfolg in allen Lebensbereichen zu erwarten. Wo sie untergeht, mündet eine Glücksphase ins Alltägliche. Die leuchtende Kraft der Sonne erhellt unser Bewusstsein und macht uns für neue und gute Taten bereit ..." (Georg Fink). – „... Das leuchtendste und größte Energiesymbol ist die Sonne. Wo sie im Traum aufgeht, ist stärkste Wirkung, ist ein tätiger Morgen zu erwarten. Nur in den Wüstenträumen kann die sengende Glut dem Wanderer den Tod bringen. Sonst aber ist sie die Bringerin des Lebens, des Schöpferischen,

Befruchtenden. Sonnenuntergänge aber sind im Traum meist von negativer Bedeutung, eine Bewusstseinsphase geht zu Ende." (Ernst Aeppli). – „... Betrachten wir die Sonne (Orange) und die Erde (Blau), so finden wir in ihnen Urbild und Vorbild des Liebens. Das war auch der Inhalt der Sonnenreligion Altägyptens und wird auch die Religion des Wassermannzeitalters, des Evangeliums der Sonne sein." (Heinrich Elijah Benedikt)

Wust ist ein solcher Zustand,

> Im Wö. d. dt. Spr. v. Be. hat „Wust" an erster Stelle die Bedeutung von „Durcheinander, Unordnung".

eine Kette von sich steigernden Zuständen, die unweigerlich am Ende den Wein sauer werden lassen.

> Zu „Wein" schreibt Günter Harnisch: „Dieses Traumsymbol deutet auf Lebenskraft, Fantasie, Gedankenreichtum und Sinnenfreudigkeit hin." – Im Wö. d. dt. Spr. v. Be. hat „sauer" an erster Stelle die Bedeutung von „im Ge-

schmack ähnlich dem Essig oder der Zitrone", zum Beispiel (unter anderem) „saurer Wein".

Hören und sehen wir sie nicht, um unsertwillen! – und werden wir einfach zu devoten Anhängern und Verehrern der großen Rhabarberpflanze! Sie ist der Anbetung wert!

> „Der Name Rheum rhabarbarum stammt vom <u>mittellateinischen</u> Wort *rheu barbarum* in der Bedeutung einer fremdländischen Wurzel: *rheum* für Wurzel und *barbarus* für ausländisch, fremd …" (Wikipedia). – Und zu Pflanze schreibt „Der Traumdeuter.ch" unter anderem: „<u>Allgemein</u>: Pflanzen hat man häufig als deutlichste irdische Anzeichen für die geistige Kraft des Universums gesehen, und Jung sagte von ihnen, man betrachte sie 'mit Ehrfurcht und philosophischem Staunen' …"

28. Oktober 1960 (Die ersten Atemzüge vom 28. Oktober)

Und wieder und wieder – der Zwang zu schreiben – produzieren – gleich was.
Der letzte Tag begann mit einer bösen Enttäuschung. Die für meine abschließende Durchleuchtung angesetzte Zeit verschlief ich, kam 1/2 Stunde zu spät. Solle wiederkommen, sagte die Assistentin, kommenden Mittwoch – hat die eine Ahnung. Doch niemand bestünde darauf, auch das Gesetz nicht. So war ich feierlich abgetan und bewegte nicht zum 4. Polizeirevier. Klärung eines Verkehrsvergehens – böse – kostet viel Geld, vielleicht, vielleicht nicht, denn einige entlastende Tatsachen waren der Polizei bisher unbekannt, so, dass ihre Anklage falschen Behauptungen folgte: nicht Halteverbot – Parkverbot! Man muss es sagen. Irren ist menschlich.
Ich sitze jetzt hier und schreibe und bin glücklich über jeden neuen Gedanken. Finde, dass draußen ein wenig Krach zu viel, hier im Tagesraum die Übertragung der Unterhaltungsmusik im Radio unangenehm gestört ist. Das Radio, es würde viele alte Generationen sterben lassen, wenn sie es wüssten, ist meine augenblickliche Stimmung, kurz vor den Nationalhymnen, der Tonlosen in diesen langweilig erwartungsvollen Sekunden vor der Sirene, vor dem großen Rennen zum

262

Waschhaus, zu den Spinden, in verzehrender Ungeduld, den Feierabend zu genießen. Feierabend aber ist falsch: mein Radio, d. h. ich schalte nicht aus, man schleust mich über die Straße ins andere Werkstor, ununterbrochen Straße – Werk – Straße usw.

Die Sonne steht am Himmel, stünde sie gut, wenn es Tag wäre und Apfelsinen und diverse, die diversen Früchte ihre Bestimmungsorte erreichten. Dann werde es regnen, leicht oder in Strömen – in nassen Mänteln – nein, zu einfach die logische Assoziation – geifert aus der Tiefe unerforschter Moore an diesem Abend die Hand eines elenden Menschen. Das übliche fahle Licht des Mondes, in seinem ganzen Schein, dem Schein der Kinderstube. Diese Hand – oft war sie erhobenen zum Schwur, oft hielt sie zitternd die Zeitung, oft den ungelernten wissenschaftlichen Text – ist die Hand der Trübsal und des Ergötzens.

Morgens

Man steht in einer Gruppe, etwas außerhalb der Stadt. Die Stadtmauer ist noch sichtbar, ein wenig, ganz fern am Horizont, die Stadtmauer, sie ist der dunkle Strich.

Die Gruppe ist aus ganz eigenartigem Anlass zusammengekommen. Vorfälle in dieser aufregenden Zeit forderten sie, die Gruppe, die aus 6 Menschen besteht und den Augenblicken.
Nacht, der dunkle Strich am Horizont – eine Stadtmauer, man vermutet es – die Mauer einer berüchtigten Stadt, der Stadt des Schreckens, wie's den Kindern in der Schule gelehrt wird und die als abstoßendes Beispiel dem Sterbenden die Lippen des Paters flüstern. Dem Sterbenden die Lippen des Paters flüstern eine Melodie der Einfalt, der lieben Einfältigkeit: „Lieber Gott, ich bitte dir, mach ein gescheites Mensch aus mir."
Man, es handelt sich hier wieder um ein und dieselbe Gruppe, geht weiter. Nach eingehender Prüfung der Örtlichkeit, des Bodens vor allen Dingen, dieser Geruch der Welt – ekelt man sich? – findet sich die Gruppe in einer fortstrebenden Reihe, der Ort der Beratung wird verlassen, bald liegt er so einsam da wie ein Mensch – wieder, und in der großen Zeit finden wir 6 Menschen, 6 Männer mit Bärten wie der Existenzialismus auf der Straße der Ungewissheit, Zuversicht, des beherrschenden Gedankens, und am Himmel geht bald die Sonne auf. Nein, sie geht auf, und vergoldet etwas, dessen Sein die Wahrheit ist.
Sechs Männer, ihre Gesichter brennende Kriegsberichte, müde Erschöpfung, einfältiges Wissen, sechs, deren Augen eine Welt voll

Kohlrabifeldern und Strohhäckern spiegeln, deren Stiefel verlängertes Gewissen und deren Kleidung dumme Zufälle sind. Sie nähern sich einem Tor, das die Erde für sie zeugt. Es ist groß, man erinnere sich an das einer Scheune, einer Burg, ein Tor ohne Mauern, ein Tor aus bewegter Luft des Frühlings, das oder der sich weit öffnet – aber unvermutet in sein Gegenteil umschlägt. Allgemeines und besonderes Entsetzen. Mit allem hätte man gerechnet, alle Begleitumstände verziehen, nur dies eine nicht. Betrübt, wie zu Zeiten des Vergessenseins, passieren sie es und finden sich wiederum am Anfang ihrer Aufgabe, die in ein weites Feld ausläuft ohne Begrenzung.

17:10 Uhr

X   So weit, wie die Füße tragen. So weit, wie das Auge reicht – und die Ahnung – ein leeres Wort voller Bedeutung.

Y   Und der Glauben an das Unbekannte, die Gefahr, das Leben.

Z   Nun, da wir versammelt sind, nötigen wir den Frosch zu reden. Eine Ansprache verlangen wir, die Ansprache zum Nachtisch.

X   Ich gehe hinaus in die Welt. Es ist spät. Meine
Aufgabe.

<u>Aufgliederung des Textes</u>

Und wieder und wieder – der Zwang zu schreiben – produzieren – gleich was.

Der letzte Tag begann mit einer bösen Enttäuschung. Die für meine abschließende Durchleuchtung angesetzte Zeit verschlief ich, kam 1/2
Stunde zu spät. Solle wiederkommen, sagte die
Assistentin, kommenden Mittwoch – hat die eine
Ahnung. Doch niemand bestünde darauf, auch
das Gesetz nicht. So war ich feierlich abgetan
und bewegte mich zum 4. Polizeirevier: Klärung
eines Verkehrsvergehens – böse – kostet viel
Geld, vielleicht, vielleicht nicht, denn einige entlastende Tatsachen waren der Polizei bisher unbekannt, so, dass ihre Anklage falschen Behauptungen folgte: nicht Halteverbot – Parkverbot!
Man muss es sagen. Irren ist menschlich.

Ich sitze jetzt hier und schreibe und bin glücklich
über jeden neuen Gedanken. Finde, dass draußen ein wenig Krach zu viel, hier im Tagesraum
die Übertragung der Unterhaltungsmusik im Radio unangenehm gestört ist. Das Radio – es wür-

266

de viele alte Generationen sterben lassen, wenn sie es wüssten – ist meine augenblickliche Stimmung, kurz vor den Nationalhymnen, der Tonlosen in diesen langweilig erwartungsvollen Sekunden vor der Sirene, vor dem großen Rennen zum Waschhaus, zu den Spinden, in verzehrender Ungeduld, den Feierabend zu genießen. Feierabend aber ist falsch: mein Radio, d. h. ich schalte nicht aus, man schleust mich über die Straße ins andere Werkstor, ununterbrochen Straße – Werk – Straße usw.

Die Sonne steht am Himmel!

Stünde sie gut, wenn es Tag wäre und Apfelsinen und diverse, die diversen Früchte ihre Bestimmungsorte erreichten. Dann werde es regnen, leicht oder in Strömen – in nassen Mänteln ...

Nein, zu einfach die logische Assoziation!,

geifert aus der Tiefe unerforschter Moore an diesem Abend die Hand eines elenden Menschen.

Das übliche fahle Licht des Mondes, in seinem ganzen Schein, dem Schein der Kinderstube. Diese Hand ...

Oft war sie erhobenen zum Schwur, oft hielt sie zitternd die Zeitung, oft den ungelernten wissenschaftlichen Text.

... ist die Hand der Trübsal und des Ergötzens.

—

<u>Morgens</u>

Man steht in einer Gruppe, etwas außerhalb der Stadt. Die Stadtmauer ist noch sichtbar, ein wenig, ganz fern am Horizont. Die Stadtmauer, sie ist der dunkle Strich.
Die Gruppe ist aus ganz eigenartigem Anlass. Vorfälle in dieser aufregenden Zeit forderten sie, die Gruppe, die aus 6 Menschen besteht und den Augenblicken.

Nacht!

der dunkle Strich am Horizont — eine Stadtmauer, man vermutet es — die Mauer einer berüchtigten Stadt, der Stadt des Schreckens, wie's den Kindern in der Schule gelehrt wird und die als abstoßendes Beispiel dem Sterbenden die Lippen des Paters flüstern. — Dem Sterbenden die Lippen des Paters flüstern eine Melodie der Einfalt, der lieben Einfältigkeit: „Lieber Gott, ich bitte Dir, mach ein gescheites Mensch aus mir."

Man, es handelt sich hier wieder um ein und dieselbe Gruppe, geht weiter. Nach eingehender Prüfung der Örtlichkeit, des Bodens vor allen Dingen – dieser Geruch der Welt! – ekelt man sich? – findet sich die Gruppe in einer fortstrebenden Reihe wieder. Der Ort der Beratung wird verlassen, bald liegt er so einsam da wie ein Mensch. Und in der großen Zeit finden wir 6 Menschen, 6 Männer mit Bärten wie der Existenzialismus auf der Straße der Ungewissheit, ...

Zuversicht!

... des beherrschenden Gedankens. Und am Himmel geht bald die Sonne auf.

Nein, sie geht auf und vergoldet etwas, dessen Sein die Wahrheit ist!

Sechs Männer, ihre Gesichter brennende Kriegsberichte, müde Erschöpfung, einfältiges Wissen – sechs, deren Augen eine Welt voll Kohlrabifeldern und Strohhäckern spiegeln, deren Stiefel verlängertes Gewissen und deren Kleidung dumme Zufälle sind. Sie nähern sich einem Tor, das die Erde für sie zeugt. Es ist groß – man erinnere sich an das einer Scheune, einer Burg – ein Tor ohne Mauern, ein Tor aus bewegter Luft des Frühlings, das oder der sich weit öffnet, aber unvermutet in sein Gegenteil umschlägt. Allgemeines und besonderes Entsetzen. Mit allem hätte man gerechnet, alle Begleitumstände verziehen, nur dies eine nicht. Betrübt, wie zu Zeiten des Vergessenseins, passieren sie es und finden sich wiederum am Anfang ihrer Aufgabe, die in ein weites Feld ausläuft ohne Begrenzung.

—

<u>17:10 Uhr</u>

X: So weit wie die Füße tragen, so weit wie das Auge reicht.

Und die Ahnung!

Ein leeres Wort.

Voller Bedeutung!

Y: Und der Glauben an das Unbekannte, die Gefahr.

Das Leben!

Z: Nun, da wir versammelt, nötigen wir den Frosch zu reden. Eine Ansprache verlangen wir, die Ansprache zum Nachtisch.

X: Ich gehe hinaus in die Welt. Es ist spät. Meine Aufgabe.

<u>Deutung</u>

> ➢ *Also kurz nach 0:00 Uhr.*

Und wieder und wieder – der Zwang zu schreiben – produzieren – gleich was.

Der letzte Tag begann mit einer bösen Enttäuschung. Die für meine abschließende Durchleuchtung angesetzte Zeit verschlief ich, kam 1/2 Stunde zu spät. Solle wiederkommen, sagte die Assistentin, kommenden Mittwoch – hat die eine Ahnung. Doch niemand bestünde darauf, auch das Gesetz nicht. So war ich feierlich abgetan und bewegte mich zum 4. Polizeirevier: Klärung eines Verkehrsvergehens – böse – kostet viel Geld, vielleicht, vielleicht nicht, denn einige entlastende Tatsachen waren der Polizei bisher unbekannt, so, dass ihre Anklage falschen Behauptungen folgte: nicht Halteverbot – Parkverbot! Man muss es sagen. Irren ist menschlich.

Ich sitze jetzt hier und schreibe und bin glücklich über jeden neuen Gedanken. Finde, dass draußen ein wenig Krach zu viel, hier im Tagesraum

> ➢ *Nämlich im Tagesraum einer der Stationen der Landesheilanstalt und Nervenklinik Düsseldorf-Grafenberg, am*

ehesten im Tagesraum der Siechensta-
tion.

die Übertragung der Unterhaltungsmusik im Radio unangenehm gestört ist. Das Radio –
es würde viele alte Generationen sterben lassen,
wenn sie es wüssten – ist meine augenblickliche
Stimmung, kurz vor den Nationalhymnen, der
Tonlosen

> Was genau ich damit sagen wollte, weiß
> ich nicht mehr.

in diesen langweilig erwartungsvollen Sekunden
vor der Sirene, vor dem großen Rennen zum
Waschhaus, zu den Spinden, in verzehrender
Ungeduld, den Feierabend zu genießen. Feierabend aber ist falsch: mein Radio, d. h. ich schalte nicht aus,

> Im Textzusammenhang ist damit wohl
> gemeint, dass ich mich als Radio ver-
> stehe. – Im Wörterbuch der deutschen
> Sprache von Bertelsmann (Wö. d. dt.
> Spr. v. Be.) wird bezüglich „Radio" an
> erster Stelle verwiesen auf „Rundfunk"
> und an zweiter Stelle auf „Rundfunkge-
> rät".

man schleust mich über die Straße ins andere
Werkstor, ununterbrochen Straße – Werk – Straße usw.

272

Die Sonne steht am Himmel!

> ➤ „Die Sonne ist eines der positivsten Traumsymbole. Sie kennzeichnet im Traum stets produktive schöpferische Energie, die künstlerische Ideen oder Bewusstseinsprozesse in Gang bringt." (Günter Harnisch). – „Die positive (männliche) Kraft der Seele, Energiesymbol des Lebens, des Schöpferischen, des Befruchtenden, denn in den meisten Kulturen wird die Sonne als männlich angesehen. Wo sie im Traum aufgeht, da ist Erfolg in allen Lebensbereichen zu erwarten. Wo sie untergeht, mündet eine Glücksphase ins Alltägliche. Die leuchtende Kraft der Sonne erhellt unser Bewusstsein und macht uns für neue und gute Taten bereit ..." (Georg Fink). – „... Das leuchtendste und größte Energiesymbol ist die Sonne. Wo sie im Traum aufgeht, ist stärkste Wirkung, ist ein tätiger Morgen zu erwarten. Nur in den Wüstenträumen kann die sengende Glut dem Wanderer den

Tod bringen. Sonst aber ist sie die Bringerin des Lebens, des Schöpferischen, Befruchtenden. Sonnenuntergänge aber sind im Traum meist von negativer Bedeutung, eine Bewusstseinsphase geht zu Ende." (Ernst Aeppli). – „... Betrachten wir die Sonne (Orange) und die Erde (Blau), so finden wir in ihnen Urbild und Vorbild des Liebens. Das war auch der Inhalt der Sonnenreligion Altägyptens und wird auch die Religion des Wassermannzeitalters, des Evangeliums der Sonne sein." (Heinrich Elijah Benedikt). – „Im Traum bedeutet der Himmel das Reich des Geistes, des hohen Gedankenfluges und den Ort, aus dem schöpferische Einfälle stammen ..." (Günter Harnisch)

Stünde sie gut, wenn es Tag wäre und Apfelsinen und diverse, die diversen Früchte ihre Bestimmungsorte erreichten.

> „Wie die meisten Früchte, so hat auch die Orange als Traumsymbol meist sexuelle Bedeutung. Zwei Orangen deuten

auf die weibliche Brust hin." (Günter Harnisch). – „Im Allgemeinen haben essbare Früchte die Bedeutung von Nahrungsmitteln. Sie zeigen sexuelle Bedürfnisse an, können aber auch auf Selbstvertrauen, Persönlichkeitsentwicklung, Erfolg und Glück hinweisen ..." (Günter Harnisch)

Dann werde es regnen, leicht oder in Strömen – in nassen Mänteln ...

> „Der Regen ist ein Fruchtbarkeitssymbol. Er hat vorwiegend die Bedeutung einer geistigen Befruchtung im Sinne von neuen und schöpferischen Ideen. Manchmal ist dieses Symbol aber auch Ausdruck von Traurigkeit oder depressiver Stimmung." (Günter Harnisch). – „Der Mantel als Traumsymbol hat Schutzfunktion ..." (Günter Harnisch)

Nein, zu einfach die logische Assoziation!,

geifert aus der Tiefe unerforschter Moore an diesem Abend die Hand eines elenden Menschen.

➢ Mit „die Hand eines elenden Menschen" ist meine (automatisch) schreibende Hand gemeint. – Im Wö. d. dt. Spr. v. Be. hat „geifern" an erster Stelle die Bedeutung von „aufgeregt, schrill schimpfen". – „Traumbilder, in denen man selbst im Schlamm watet oder andere darin waten sieht, deuten auf unangenehme Eindrücke, Erlebnisse und Erfahrungen. Morast, Schlamm oder Sumpf können im Traum auch auf Triebwünsche hinweisen, die dem Träumenden unangenehm sind ..." (Günter Harnisch)

Das übliche fahle Licht des Mondes, in seinem ganzen Schein, dem Schein der Kinderstube.

➢ Das Mondlicht als ein indirektes Licht symbolisiert in meinen Tagebuchtexten meist das Verstandeslicht, den Verstand, das Verstandesdenken. – „Eine gute, schlechte Kinderstube haben" bedeutet nach dem Wö. d. dt. Spr. v. Be. (im übertragenen Sinn) „ein gutes, schlechtes Benehmen haben, gut, schlecht erzogen sein".

Diese Hand ...

Oft war sie erhobenen zum Schwur, oft hielt sie zitternd die Zeitung, oft den ungelernten wissenschaftlichen Text.

... ist die Hand der Trübsal und des Ergötzens!
> ➤ „Die Hand ist das körperliche Instrument des menschlichen Handelns ..."
> (Günter Harnisch)

–

Morgens
> ➤ Tagebucheintrag inspiriert.

Man steht in einer Gruppe,
> ➤ Im Wö. d. dt. Spr. v. Be. hat „stehen" an fünfter Stelle die Bedeutung von „sich in einem Zustand, in einer Lage, Stellung befinden". – Im gleichen Wörterbuch hat „Gruppe" an zweiter Stelle die Bedeutung von „lockere Vereinigung von Personen mit gleichen Interessen, gleichem Ziel".

etwas außerhalb der Stadt.

> „Die Stadt stellt im Traum den seelischen Umweltbereich des Träumenden dar. Sie hat als Symbol einen weiblichen Aspekt und erscheint manchmal in den Träumen als kollektives Muttersymbol.“ (Günter Harnisch)

Die Stadtmauer ist noch sichtbar, ein wenig, ganz fern am Horizont.

> Bezüglich Horizont schreibt Günter Harnisch: „Dieses Traumbild symbolisiert die Grenzen des Träumenden in der Aufnahme und Verarbeitung geistiger und seelischer Eindrücke.“

Die Stadtmauer, sie ist der dunkle Strich.

> Im Wö. d. dt. Spr. v. Be. hat „Strich“ an zehnter Stelle (umgangssprachlich) die Bedeutung von „Straße, Gegend, in der Straßenprostitution stattfindet“.

Die Gruppe ist aus ganz eigenartigem Anlass.

> Im Wö. d. dt. Spr. v. Be. hat „sein“ an erster Stelle die Bedeutung von „sich (an einem Ort, an einer Stelle) befinden“.

Vorfälle in dieser aufregenden Zeit forderten sie,

> Mit „dieser aufregenden Zeit" ist im Textzusammenhang sicherlich unsere gegenwärtige Zeit gemeint.

die Gruppe, die aus 6 Menschen besteht und den Augenblicken.

> ... und den Augenblicken ihres sexuellen Höhepunktes. – „Die Sechs als Zahl gilt als Symbol der partnerschaftlichen Harmonie und Ausgeglichenheit zwischen Mann und Frau. Die Sechs kann durchaus auch mit dem gleich klingenden Sex gleichzusetzen sein." (Günter Harnisch)

Nacht!

> „Die Nacht stellt im Traum den gesamten Bereich des Unbewussten dar, der im Dunkeln liegt." (Günter Harnisch)

Der dunkle Strich am Horizont – eine Stadtmauer, man vermutet es – die Mauer einer berüchtigten Stadt, der Stadt des Schreckens, wie's den Kindern in der Schule gelehrt wird und die als abstoßendes Beispiel dem Sterbenden die Lippen des Paters flüstern. –

➢ „Die beiden Engel kamen am Abend
nach Sodom. Lot saß im Stadttor von
Sodom. Als er sie sah, erhob er sich,
trat auf sie zu, warf sich mit dem Gesicht zur Erde nieder und sagte: Meine
Herren, biegt doch ab zum Haus eures
Knechtes, bleibt über Nacht und gönnt
euren Füßen ein Bad! Am Morgen könnt
ihr euren Weg fortsetzen. Nein, sagten
sie, wir wollen im Freien übernachten.
Er redete ihnen aber so lange zu, bis sie
mit ihm abgebogen und in sein Haus
traten. Er bereitete ihnen ein Mahl, ließ
ungesäuerte Brote backen, und sie aßen.
Sie waren noch nicht schlafen gegan-
gen, da umstellten die Einwohner der
Stadt das Haus, die Männer von Sodom, jung und alt, alles Volk von weit
und breit. Sie riefen nach Lot und frag-
ten ihn: Wo sind die Männer, die heute
Abend zu dir gekommen sind? Heraus
mit ihnen, wir wollen mit ihnen ver-
kehren! Da ging Lot zu ihnen hinaus vor
die Tür, schloss sie hinter sich zu und

sagte: Aber meine Brüder, begeht doch nicht ein solches Verbrechen! Seht, ich habe zwei Töchter, die noch keinen Mann erkannt haben. Ich will sie zu euch herausbringen. Dann tut mit ihnen, was euch gefällt! Nur jenen Männern tut nichts an; denn deshalb sind sie ja unter den Schutz meines Daches getreten! Sie aber schrien: Mach dich fort! Und sagten: Kommt da so ein einzelner Fremder daher und will sich als Richter aufspielen! Nun wollen wir es mit dir noch schlimmer treiben als mit ihnen. Sie setzten dem Mann, nämlich Lot, arg zu und waren schon dabei, die Tür aufzubrechen. Da streckten jene Männer die Hand aus, zogen Lot zu sich ins Haus und sperrten die Tür zu. Dann schlugen sie die Leute vor dem Haus, groß und klein, mit Blindheit, so das sie sich vergebens bemühten, den Eingang zu finden." (Die Bibel, Altes und Neues Testament in neuer Einheitsübersetzung, 1975, Andreas Verlag)

Dem Sterbenden die Lippen des Paters flüstern eine Melodie der Einfalt, der lieben Einfältigkeit: „Lieber Gott, ich bitte Dir, mach ein gescheites Mensch aus mir."

Man, es handelt sich hier wieder um ein und dieselbe Gruppe, geht weiter. Nach eingehender Prüfung der Örtlichkeit, des Bodens vor allen Dingen –

> Synonyme für Boden sind nach dem Duden unter anderem „Fundament, Grundlage, Basis". – „Ich hatte wieder Boden unter den Füßen" bedeutet nach dem Wö. d. dt. Spr. v. Be. „ich hatte wieder eine Lebensgrundlage".

dieser Geruch der Welt –

> „Entsprechend den Redewendungen ‚jemanden nicht riechen können' und ‚etwas stinkt einem' sind Gerüche im Traum zu verstehen. Schlechte Gerüche veranschaulichen Abneigungen und Ablehnung ..." (Günter Harnisch)

ekelt man sich? –

> „Sich (vor etwas) ekeln" bedeutet nach dem Wö. d. dt. Spr. v. Be. „Ekel (vor etwas) empfinden". – Im gleichen Wör-

terbuch hat „Ekel" an erster Stelle die Bedeutung von „heftiger, Übelkeit erregender Widerwille, Abscheu" und an zweiter Stelle von „Überdruss".

findet sich die Gruppe in einer fortstrebenden Reihe wieder.

> Wohl in einer von dort fortstrebenden Reihe. – Im Wö. d. dt. Spr. v. Be. hat „streben" an erster Stelle die Bedeutung von „sich eifrig bemühen".

Der Ort der Beratung wird verlassen, bald liegt er so einsam da wie ein Mensch.

> Wohl wie ein Mensch, der begraben wurde.

Und in der großen Zeit

> Im Wö. d. dt. Spr. v. Be. hat „Zeit" an zweiter Stelle die Bedeutung von „begrenzter Zeitraum, Zeitspanne", zum Beispiel „die Zeit des Lebens".

finden wir 6 Menschen,

> Nämlich Sex-Menschen.

6 Männer mit Bärten wie der Existenzialismus auf der Straße der Ungewissheit, ...

> „Der Bart symbolisiert in der Traumsprache männliche Kraft und Potenz. Er

ist ein Herrschaftssymbol. Im Traum signalisiert der Bart oft Aggressionstendenzen ..." (Günter Harnisch). – Synonyme für „wie" sind nach Thesaurus unter anderem „ähnlich, gleichsam, etwa wie, gerade so". – Im Wö. d. dt. Spr. v. Be. wird bezüglich „Existenzialismus" verwiesen auf „Existenzphilosophie", und letztere wird im gleichen Wörterbuch definiert als „Richtung der modernen Philosophie, die den Menschen im Hinblick auf seine Existenz betrachtet". „Straßen oder Wege erscheinen im Traum als Symbole des Lebenswegs ..." (Günter Harnisch). – Im Wö. d. dt. Spr. v. Be. hat „ungewiss" an erster Stelle die Bedeutung von „nicht festgelegt, nicht feststehend, offen", zum Beispiel „ein ungewisses Schicksal".

Zuversicht!

➢ Im Wö. d. dt. Spr. v. Be. wird „Zuversicht" definiert als „Vertrauen auf eine positive Entwicklung, feste Hoffnung,

Überzeugung, dass etwas gut, richtig geschieht". – „Gott ist unsre Zuversicht und Stärke, eine Hilfe in den großen Nöten, die uns getroffen haben." (Psalm 46:2)

... des beherrschenden Gedankens.
> Nämlich der Ungewissheit.

Und am Himmel geht bald die Sonne auf.
> Nämlich am Morgen.

Nein,
> Denn sie steht ja am Himmel.

sie geht auf und vergoldet etwas,
> Im Wö. d. dt. Spr. v. Be. hat „aufgehen" an zweiter Stelle die Bedeutung von „am Himmel erscheinen". – Im gleichen Wörterbuch hat „vergolden" an dritter Stelle die Bedeutung von „erfreulich, schön machen", zum Beispiel „die Liebe seiner vielen Enkel vergoldet sein ärmliches Dasein".

dessen Sein die Wahrheit ist!
> Im Prolog des Johannesevangeliums heißt es zu Beginn: „Im Anfang war das

Wort und das Wort war bei Gott, und das Wort war Gott. Im Anfang war es bei Gott. Alles ist durch das Wort geworden und ohne das Wort wurde nichts, was geworden ist."

Sechs Männer,

➢ Sex-Männer

ihre Gesichter brennende Kriegsberichte,

➢ „Der Ausdruck des Gesichts kann seelische Befindlichkeiten widerspiegeln ..." (Günter Harnisch) – Im Wö. d. dt. Spr. v. Be. hat „brennend" (als Attribut und mit „sein") an zweiter Stelle die Bedeutung von „(gerade jetzt) wichtig", zum Beispiel „ein brennendes Problem; das Problem ist brennend".

müde Erschöpfung, einfältiges Wissen – sechs,

➢ ... Sex-Männer

deren Augen eine Welt voll Kohlrabifeldern und Strohäckern spiegeln,

➢ „Im Volksmund bezeichnet man die Augen als den Spiegel der Seele. Das Auge hat im Traum die Symbolbedeutung eines Bewusstseinsorgans ..." (Günter

Harnisch). – „In der Traumsprache ist das Feld meist als Betätigungsfeld zu sehen. Es symbolisiert ein Aufgaben- und Interessengebiet …" (Günter Harnisch). – „Einige Gemüsesorten weisen wie manche Früchte auf weibliche oder männliche Geschlechtsorgan hin. Der Anbau von Gemüsesorten, die an bestimmte Körpergegenden erinnern, lässt auf sexuelle Freuden hoffen …" (Georg Fink). – Im Wö. d. dt. Spr. v. Be. wird „Stroh" definiert als „ausgereifte, getrocknete Getreidehalme ohne Körner".

deren Stiefel verlängertes Gewissen

> „Im Allgemeinen sind Stiefel wie Schuhe zu deuten. Besonders klobige ‚Knobelbecher' weisen auf einen recht brutalen Menschen hin, der gewaltige Tritte austeilt, um sich rücksichtslos durchzusetzen." (Georg Fink). – „Ganz besonders häufig sind Schuhträume. Die Forschung der psychoanalytischen Schule machte es sehr wahrscheinlich, dass ein Teil der Fuß- und Schuhträume wirklich sexuel-

ler Natur ist, und dass mit dem Hin-
einschlüpfen in den Schuh ein anderer
Akt gemeint ist. Dabei – es ist immer
wieder zu betonen – betrachtet die
Psyche jede sexuelle Wirklichkeit ohne
alles Moralisieren …" (Ernst Aeppli). –
Im Wö. d. dt. Spr. v. Be. wird „Gewissen" definiert als „Bewusstsein von Gut
und Böse (des eigenen Tuns)".

und deren Kleidung dumme Zufälle sind.

> „Die Kleider im Traum beziehen sich auf
die vom Unbewussten her beeinflusste
Persönlichkeit, wie sie sich gegenüber
der Umwelt darstellt …" (Günter Harnisch). – Im Wö. d. dt. Spr. v. Be. hat
„dumm" an dritter Stelle die Bedeutung von „unvernünftig, unüberlegt",
zum Beispiel „das ist dummes Zeug". –
Im gleichen Wörterbuch wird „Zufall"
definiert als ein „unerwartetes, nicht
vorhersehbares Ereignis".

Sie nähern sich einem Tor, das die Erde für sie
zeugt.

➤ „Tür und Tor zeigen im Traum Zugangsmöglichkeiten an, deren Art sich aus der weiteren Traumhandlung bestimmen lässt ..." (Günter Harnisch). – „Im Schoß der Erde liegt die Saat. Sie reift zu neuem Leben heran. Dementsprechend weist Erde als Traumsymbol meist auf Körperlichkeit, Fruchtbarkeit, Mütterlichkeit und Nähren hin. Wer tief in die Erde eindringt, gelangt in Bereiche der Vergangenheit, der Geschichte und des Todes. Wer aus der Erde aufsteigt, erwacht zu neuem Leben. Mit diesem Traumbild kann auch die Geschichte der eigenen Persönlichkeit gemeint sein. Wer sich zu tief in die Erde eingräbt, lebt nur noch seinen Erinnerungen. Er entfernt sich von der Wirklichkeit. Wer sich aus der Erde befreit, wird lebenstüchtig. Er erlebt eine körperliche oder geistige Wiedergeburt und gewinnt neue Lebensperspektiven ..." (Günter Harnisch)

Es ist groß – man erinnere sich an das einer Scheune, einer Burg –

> „Wie die Scheune in der Wirklichkeit der Ort ist, an dem die eingefahrene Ernte gelagert wird, so symbolisiert eine gefüllte Scheune als Traumbild Erfolg, Wohlstand und Sicherheit …“ (Günter Harnisch). – Zu „Burg“ bzw. Schloss heißt es beim gleichen Autor unter anderem: „Ein Schloss als Ort der Handlung weist im Traum auf einen Bereich des seelischen Lebens hin, der mit altertümlichen, abenteuerlichen, märchenhaften Vorstellungen verbunden ist …“

ein Tor ohne Mauern, ein Tor aus bewegter Luft des Frühlings,

> „… Von jeher ist nun die Luft als das Medium des Geistes empfunden worden …“ (Ernst Aeppli). Demnach steht „bewegte Luft“ hier für Gedanken. – Zu „Frühling“ schreibt Günter Harnisch: „Dieses Traumbild ist mit dem Symbol Jugend in der Bedeutung verwandt. Es

symbolisiert neue psychische und körperliche Kraft.‟

das oder der sich weit öffnet,

> das (nämlich das Tor) oder der (näm-
  lich der Frühling) sich weit öffnet

aber unvermutet in sein Gegenteil umschlägt.

> Im Wö. d. dt. Spr. v. Be. wird „Gegen-
  teil‟ definiert als „etwas Entgegenge-
  setztes, Gegensatz, das Umgekehrte‟,
  zum Beispiel „warm‟ ist das Gegenteil
  von „kalt‟.

Allgemeines und besonderes Entsetzen. Mit allem hätte man gerechnet, alle Begleitumstände
verziehen, nur dies eine nicht. Betrübt, wie zu
Zeiten des Vergessenseins, passieren sie es

> Nämlich das „Tor‟

und finden sich wiederum am Anfang ihrer Aufgabe, die in ein weites Feld ausläuft ohne Begrenzung.

> „In der Traumsprache ist das Feld
  meist als Betätigungsfeld zu sehen. Es
  symbolisiert ein Aufgaben- und Interessengebiet ...‟ (Günter Harnisch)

—

<u>17:10 Uhr</u>

> ➤ Im Textzusammenhang wohl eine abschließende Betrachtung zum vorangegangenen Tagebucheintrag

X: So weit wie die Füße tragen, so weit wie das Auge reicht.

> ➤ Zurückkommend auf das Ende des vorangegangenen Tagebucheintrags, und zwar aus die Lebensperspektive der Frau (des X-Anteils des Geschlechtschromosoms).

Und die Ahnung!

> ➤ Im Wö. d. dt. Spr. v. Be. wird „Ahnung" definiert als „undeutliches Gefühl (dass etwas geschehen wird)".

Ein leeres Wort.

> ➤ Nach dem Wö. d. dt. Spr. v. Be. hat „leer" im übertragenen Sinn die Bedeutung von „geistlos, ohne Inhalt".

Voller Bedeutung!

Y: Und der Glauben an das Unbekannte, die Gefahr.

> ➤ Nämlich aus der Lebensperspektive des Mannes (des Y-Anteils des Geschlechts-chromosoms).

Das Leben!

> ➤ „Jesus spricht zu ihm: Ich bin der Weg und die Wahrheit und das Leben; niemand kommt zum Vater denn durch mich." (Johannes 14:6)

Z: Nun, da wir versammelt, nötigen wir den Frosch zu reden. Eine Ansprache verlangen wir, die Ansprache zum Nachtisch.

> ➤ „Tiere verkörpern im Traum die Naturseite des Menschen. Sie vertreten gleichsam die Instinkte und Ahnungen ..." (Günter Harnisch). — „Träume von Fröschen treten fast immer bei Mädchen und Frauen auf, während sie bei Männern sehr selten vorkommen. Die Bedeutung des Frosches im Traum gleicht der im Märchen der Gebrüder Grimm vom Froschkönig. Dort verwandelt sich der kalte, glitschige Frosch in einen wunderschönen Prinzen, nachdem

die Prinzessin ihm auf Befehl ihres Vaters, des Königs, Nahrung gegeben und ihn in ihrem Bett gewärmt hat. Die kalte, unpersönliche Seite der Sexualität wandelt sich erst dann zur vollen Erfülltheit, wenn sie in das wärmende Gefühl einer seelischen Beziehung zum Partner eingebettet ist." (Günter Harnisch)

X: Ich gehe hinaus in die Welt. Es ist spät. Meine Aufgabe.

Dass ich immer wieder mit dem Extremen in Konflikt gerate! Die Nachtfahrt von Krefeld nach Saarbrücken erfüllte sich ganz, obwohl es ununterbrochen regnete. Voll Hoffnungen, besessen von dem Drang ins Neue, der Freude an wechselnden Bildern, dem Risiko und der Ungewissheit, die jedem Hinaustreten gegenwärtig sind, wurde ich in Saarbrücken zunächst einmal von meinem lieben Gefährt enttäuscht. Mitten im Stadtbetrieb riss der Gaszug. Unter normalen Umständen ist das nicht weiter aufregend. Es wird zur Kenntnis genommen und der Schaden behoben. Hier gestaltete es sich allerdings schwieriger. Eine Reparatur beim Fachhändler, der die Sache für sehr schwierig hielt, wäre zu teuer geworden. Ich besorgte mir von weit außerhalb der Stadt, in der so genannten Europagarage den Zug und baute ihn selbst ein. Das war insofern peinlich, weil ich mich mitten auf der Straße umziehen musste, die Neugierde der Passanten ist oft sehr anstößig, und zwecks Montage meine todmüde Körpermasse unter den Wagen schieben musste. Dank dem Optimismus war es dann doch einfacher als vom Fachmann geschildert.

Dieser Zwischenfall war, als ich von der Uni kam, um nach Homburg zu fahren. Gegen 4:00 Uhr

kam ich endlich nach Homburg, für meine Erledigungen im Landeskrankenhaus und für die Wohnungssuche bereits viel zu spät. Die Nacht verbrachte ich, da eine zweite in der Isetta gänzlich unmöglich schien, in einem Homburger Gasthof, dem Johanneshof für Fernfahrer. Heute Morgen besorgte ich mir das Vorlesungsverzeichnis. Der Präparierkurs, für den ich hauptsächlich nach hier kam, ist überlaufen – ein etwas zurückwerfendes Gefühl, denn im Falle dass … –!
Die erste größere Auslage war der Kauf einer neuen Batterie fürs Auto, mein finanzielles Rückgrat ist hochgradig senil geworden.
Im Homburger Verkehrsverein erhielt ich die Adresse von meinem jetzigen Zimmer. Es kostet 50 DM, liegt etwas außerhalb und wird beheizt. Ich kann ein zweites, anliegendes Leerzimmer mit benutzen. Die Wirtin, ihre beiden Söhne studieren, beziehungsweise einer studierte schon, ist offensichtlich froh, für ihre beiden abwesenden Kinder einen Ersatz – einen Bub, sagte sie – zu haben. Ich habe jetzt kalte Füße und mit diesen sitze ich am Tisch und schreibe. Meine Stimmung ist nicht besonders vornehm, die Last der Zukunft vielleicht etwas groß. Ich bin traurig, denn mir fehlt hier etwas, das noch gar nichts von diesem Fehlen weiß.

Dass ich immer wieder mit dem Extremen in Konflikt gerate! Die Nachtfahrt von Krefeld nach Saarbrücken erfüllte sich ganz, obwohl es ununterbrochen regnete.

> *„Sich erfüllen" bedeutet nach dem Wörterbuch der deutschen Sprache von Bertelsmann „wahr werden, Wirklichkeit werden".*

Voll Hoffnungen, besessen von dem Drang ins Neue, von der Freude an wechselnden Bildern, dem Risiko und der Ungewissheit, die jedem Hinaustreten gegenwärtig sind, wurde ich in Saarbrücken zunächst einmal von meinem lieben Gefährt enttäuscht.

> *Nämlich von meiner Isetta.*

Mitten im Stadtbetrieb riss der Gaszug. Unter normalen Umständen ist das nicht weiter aufregend. Es wird zur Kenntnis genommen und der Schaden behoben. Hier gestaltete es sich allerdings schwieriger. Eine Reparatur beim Fachhändler, der die Sache für sehr schwierig hielt, wäre zu teuer geworden. Ich besorgte mir von weit außerhalb der Stadt, in der sogenannten Europagarage, den Zug und baute ihn selbst ein. Das war insofern peinlich, weil ich mich mitten auf der Straße umziehen musste – die Neugierde der Passanten ist oft sehr anstößig – und zwecks Montage meine todmüde Körpermasse unter den Wagen schieben musste. Dank des Optimismus war es dann doch einfacher als vom Fachmann geschildert.

Dieser Zwischenfall war, als ich von der Uni kam, um nach Homburg zu fahren. Gegen 4:00 Uhr

> *Gegen 16:00 Uhr.*

kam ich endlich nach Homburg, für meine Erledigungen im Landeskrankenhaus und für die Wohnungssuche bereits viel zu spät. Die Nacht verbrachte ich, da eine zweite in der Isetta gänzlich unmöglich schien, in einem Homburger Gasthof, dem Johanneshof für Fernfahrer.

Heute Morgen besorgte ich mir das Vorlesungsverzeichnis. Der Präparierkurs, für den ich hauptsächlich nach hier kam, ist überlaufen – ein etwas zurückwerfendes Gefühl, denn im Falle, dass …!

> *Möglicherweise hätte ich bei Nichtaufnahme in den Präparierkurs ein Semester verloren. Mit Sicherheit aber wäre mein Studienplan durcheinandergekommen.*

Die erste größere Auslage war der Kauf einer neuen Batterie fürs Auto. Mein finanzielles Rückgrat ist hochgradig senil geworden.

Im Homburger Verkehrsverein erhielt ich die Adresse von meinem jetzigen Zimmer. Es kostet 50 DM, liegt etwas außerhalb und wird beheizt. Ich kann ein zweites, anliegendes Leerzimmer mitbenutzen. Die Wirtin – ihre beiden Söhne studieren, beziehungsweise einer studierte schon – ist offensichtlich froh, für ihre beiden abwesenden Kinder einen Ersatz – einen Bub, sagte sie – zu haben.

Ich habe jetzt kalte Füße, und mit diesen sitze ich am Tisch und schreibe. Meine Stimmung ist nicht besonders vornehm, die Last der Zukunft vielleicht etwas groß. Ich bin traurig, denn mir fehlt hier etwas,

das noch gar nichts von diesem Fehlen weiß.

Das Bett ist gut. Acht Stunden Schlaf, der leider nicht traumlos blieb – es waren Kriegszustände, die Reifen vorbeirollender Feindesfahrzeuge wurden von uns beschossen: die Wagen wurden fahruntüchtig und blieben stehen, man suchte den ersten erfolgreichen Schützen, ich hatte Angst, mich zu melden, Angst vor einer Strafe, Todesangst, es meldeten sich andere, ich warf mir Feigheit vor und bekannte mich dann schließlich, es passierte nichts, eigentümlich das eigentümliche Verhältnis zum Vorgesetzten, zur diktatorischen Gewalt, die den Krieg macht. Sie ist verhasster als der Feind, den man nicht kennt, den man niederschießt für irgendetwas.
Ausgeschlafen, das übervolle Maß an Pessimismus von gestern ist vergessen, das Wetter zwar nicht große Klasse, doch kälter und frischer als in Köln. Das bedeutet viel, vergrößert die Arbeitslust: traurig genug, dass ich mehr und mehr von diesen früher so geringfügigen Einflüssen abhängig werde. Aber das Wort einer ungeborenen Persönlichkeit tröstet mich: es ist niemand so stark, dass er sich selbst überwinden könnte. Also gibt es nur eins, günstige Voraussetzungen soviel wie möglich, um aus der verkrachten Vitalität eine neue zu machen.

Man lud mich ein zum Kaffee. Meine Wirtsleute sind wirklich nett, und meine Aufgabe für sie, ihre Söhne zu ersetzen und etwas vom jugendlichen Übermut in die verwaisten Räume zu bringen, machen sie mir mit ihrem ganzen Benehmen klar. Wüssten sie nur, wie schwer das ist für einen Studenten, der nicht weiß, ob er für die Medizin, für Germanistik, Kunstgeschichte oder für die Malerei geboren ist. Doch das sind ja alberne Gedanken, mit denen man nichts anfangen kann, die für einen Roman, Abenteuerroman gut sein mögen, aber nicht für die netten kleinen Ansprüche recht denkender Bürgersleut.

Aufgliederung des Textes und Deutung

Das Bett ist gut. Acht Stunden Schlaf, der leider nicht traumlos blieb – es waren Kriegszustände, die Reifen vorbeirollender Feindesfahrzeuge wurden von uns beschossen: die Wagen wurden fahruntüchtig und blieben stehen. Man suchte den ersten erfolgreichen Schützen. Ich hatte Angst, mich zu melden, Angst vor einer Strafe, Todesangst. Es meldeten sich andere. Ich warf mir Feigheit vor und bekannte mich dann schließlich. Es passierte nichts. Eigentümlich das Verhältnis zum Vorgesetzten, zur diktatorischen Gewalt, die den Krieg macht. Sie ist verhasster als der Feind, den man nicht kennt, den man niederschießt für irgendetwas.

> ➤ „Das Traumbewusstsein signalisiert mit Bildern vom Krieg eine unbewusste Auseinandersetzung unterschiedlicher Seiten der Persönlichkeit des Träumenden, die untereinander im Widerspruch stehen ...“ (Günter Harnisch)

Ausgeschlafen. Das übervolle Maß an Pessimismus von gestern ist vergessen, das Wetter zwar nicht große Klasse, doch kälter und frischer als in Köln. Das bedeutet viel, vergrößert die Arbeitslust. Traurig genug, dass ich mehr und mehr von diesen früher so geringfügigen Einflüssen abhängig werde. Aber das Wort einer ungeborenen Persönlichkeit tröstet mich:

> ➤ Den letzten Satz verstehe ich als einen inspirierten Hinweis darauf, dass der nachfolgende Kommentar inspiriert wurde.

Es ist niemand so stark, dass er sich selbst überwinden könnte!

Also gibt es nur eins: günstige Voraussetzungen so viele wie möglich, um aus der verkrachten Vitalität eine neue zu machen.

Man lud mich ein zum Kaffee. Meine Wirtsleute sind wirklich nett, und meine Aufgabe, ihnen ihre Söhne zu ersetzen und etwas vom jugendlichen Übermut in die verwaisten Räume zu bringen, machen sie mir mit ihrem ganzen Benehmen klar. Wüssten sie nur, wie schwer das ist für einen Studenten, der nicht weiß, ob er für die Medizin, für Germanistik, Kunstgeschichte oder für die Malerei geboren ist. Doch das sind ja alberne Gedanken, mit denen man nichts anfangen kann, die für einen Roman, Abenteuerroman gut sein mögen, aber nicht für die netten kleinen Ansprüche recht denkender Bürgersleut.

<u>7. November 1960</u>

Zwei Stunden wartete ich vor dem Sekretariat und füllte die Zeit mit dem Versuch, den wiederholten, aber zwecklosen Versuchen, philosophisch zu denken – und mit der Betrachtung – wie man sagt, rein ästhetischen Betrachtung – kleiner Mädchen. Der Genuss war aber in der vermieften Flurluft nicht allzu rühmlich.
Noch weniger rühmlich der Erfolg im Sekretariat. Man schickte mich nach Homburg: ein Professor Stämpli sei für die Immatrikulation der Mediziner zuständig. Bange Stunden! Im physiologischen Institut wurden meine Unterlagen aber angenommen, nur die Teilnahme am anatomischen Präparierkurs von der Zustimmung des Prof. Rolshoven abhängig gemacht. Ich bete zu der allmächtigen Trägheit, des Professors Freude an seinen Kindern, wenn er welche hat, zu erhalten. Morgen muss ich versuchen, Arbeit zu bekommen. B. erzählten, ich solle in der Uni nachfragen. Dort vermittele man an Studenten Gelegenheitsarbeit. Wenn das nicht ginge, könne ich zum Arbeitsamt gehen, das es in Homburg auch gäbe.

Auch sehr viele Katzen trifft man in Homburg und Beeden, wo ich wohne. Sie sitzen des Abends und in der angehenden Nacht auf den todstillen Straßen im Laternenlicht auf Gartenzäunen und im Schatten von Toreinfahrten und vorgebauten Hausfassaden. Eine schwarz-weißgescheckte traf ich heute Abend um acht auf einem Spaziergang durchs Dorf, wo um diese Zeit nur noch Laternen, seltene Autolichter und besagte Katzen leben. Ab und zu kläfft ein Hund, der um seinen Hühnerstall bangt. Die Katze kam auf mein Locken hin und war sehr zutraulich, vielleicht auch so einsam wie ich. Sie begleitete mich lange, bis sie dann endlich vor einem Gartenzaun verharrte. Wahrscheinlich lag dahinter ihr Zuhause, oder sie hatte das andere Geschlecht ausgemacht, eine Katze gefunden, denn die Katze war ein Kater.

Eineiig sind die Zwillingssöhne der Frau B. und stammen aus ihrer ersten Ehe. Sie wogen nur eineinhalb und dreieinhalb Pfund, als sie zur Welt kamen, und wurden im Landeskrankenhaus, wo ich jetzt auch hin muss, von einer anderen Frau gesäugt. Sie entwickelten sich da gut und wurden stramme, wohlgenährte Kinder, die später so übermütig und voller Streiche waren, dass es Frau B. heute Leid tut, kein Tagebuch darüber geführt zu haben. Da sieht man's wieder, Tagebücher lohnen sich immer, schon allein dafür, dass man sich später nichts vorzuwerfen hat. Die Ironie ist plump, aber sie ist eine Ironie.

Als die Kinder ein Jahr alt waren, bat der Professor der Kinderstation Frau B. mit ihren Söhnchen zu sich. Die auffallende Ähnlichkeit letzterer, die schon in der Familie häufig zu lustigen Verwechslungen geführt hatte, sollte wissenschaftlich erfasst werden. Sie wurde es auch. Der Professor war, ich weiß nicht, ob er heute noch unter den Lebenden weilt, Spezialist für Eineiige, über die er sich schon in dicken Bänden ausgelassen hatte. Er sagte zu Frau B., es sei ein seltsames Spiel der Natur, einunddasselbe Wesen in zwei verschiedenen Gestalten auf der Erde herumlaufen zu lassen. Sie möge doch die Entwicklung ihrer Kinder beobachten, er interessiere sich sehr dafür. Frau B. tat das. Und ganz augenscheinlich waren gewisse Gemeinsamkeiten: so stritten sie sich um eine Unterhose und mussten gemeinsam zum Klosett, so dass allen Ernstes die Anschaffung einer zweisitzigen Toilette erwogen wurde. Außerdem stellten sich viele nicht ansteckende Krankheiten bei beiden Kindern gleichzeitig ein. Das waren sicher Nachteile, die aber später mehr fröhlich belächelt als traurig empfunden wurden. So hat alles seine guten und bösen Seiten.

Ich werde jetzt an meinem Schauspiel weiterschreiben,

> *Um was es sich dabei handelte, kann ich im Augenblick noch nicht sagen.*

Wahrscheinlich ist es im Tagebuch ohne Datum von 1960 enthalten.

mit gutem Recht, denn ich habe heute Nachmittag, nachdem ich eine Stunde geschlafen hatte, mein Pensum für die Anatomie erledigt. Mir war es nicht besonders gut, ich hatte und habe Schmerzen in der Brust, die wahrscheinlich von der ausgeglühten Pfeife und dem billigen Tabak herrühren.

<u>9. November 1900</u>

Dass ich zum Präp. I-Kurs zugelassen bin, erfuhr ich gestern. Das ermöglicht zumindest den normalen Gang der Studien, zwingt mich aber, Präp.-Besteck zu kaufen, was mich vollends bankrott machen wird.

Gestern schrieb auch der liebe H.. Wie ich mich gefreut habe!! Musste ihm dringend antworten, hatte dazu schönes Papier, hoffentlich beleidigt ihn das nicht.

Die Arbeitssuche blieb bisher erfolglos. Vom Studentenverein hatte ich eine Adresse für Schülerbeaufsichtigung erhalten. Leider war alles besetzt. Ein eventuelles Eingestelltwerden im Schülerheim für nach Weihnachten in Aussicht gestellt. Na ja!

Dann fuhr ich schnell zum Arbeitsamt. Wo das lag! Jedenfalls entsprechend seiner Bedeutung: da ging mir ein Licht auf, in Homburg werden nur Kuhhirten gesucht – vielleicht etwas übertrieben, aber für gelegentliche Studentenarbeit oder -beschäftigung aussichtslose Sache. Ich gab an, Elektriker, jawohl, gelernter Elektriker zu sein: da ging denen ein Licht auf, man gab mir einen Installationsmeister an, ich bin gespannt: der kriegt Froschaugen. Bestimmt nicht übel. Aber meine Pfeifen schmecken nicht mehr. Ich rauche sie nur noch in Raten, das ist äußerst unterhaltsam, we-

nigstens das Raten, was ich rauche: Seegras oder ägyptischen Hafer, ich meine den aus der Pharaonenzeit – wie weit doch die Gedanken reichen. Zum Kotzen, schrieb der Hohmann – manchmal hat er ja Recht, das muss er ja auch: so kurz vor seinem juristischen Examen!
Hallo, Sie da, Herr Obergedanke, kennen sie mich nicht mehr? Das Schwein: kann man nur bemerken: Homo novus, was diese Menschen sich einbilden. Bin heute miserabel dran, wenig geschlafen, Kälte in Haus und Hof, nix zu essen, kein Bier, kein Temperament, streng bürgerliche Kommilitonen, an die Kommilitoninnen darf ich nicht denken, geschweige sie ansehen, oh weh! Die Nachtruhe steht vor der Tür, stünde doch was anders da. Denk nicht daran, du machst dich tot, aber schön wäre es doch, nicht wahr, Heinz?!

Aufgliederung des Textes

Dass ich zum Präp. I-Kurs zugelassen bin, erfuhr ich gestern. Das ermöglicht zumindest den normalen Gang der Studien, zwingt mich aber, Präp.-Besteck zu kaufen, was mich vollends bankrott machen wird.

Gestern schrieb auch der liebe H.. Wie ich mich gefreut habe!! Musste ihm dringend antworten, hatte dazu schönes Papier. Hoffentlich beleidigt ihn das nicht.

Die Arbeitssuche blieb bisher erfolglos. Vom Studentenverein hatte ich eine Adresse für Schülerbeaufsichtigung erhalten. Leider war alles besetzt. Ein eventuelles Eingestelltwerden im Schülerheim für nach Weihnachten in Aussicht gestellt. Na ja!
Dann fuhr ich schnell zum Arbeitsamt. Wo das lag! Jedenfalls entsprechend seiner Bedeutung. Da ging mir ein Licht auf: in Homburg werden nur Kuhhirten gesucht – vielleicht etwas übertrieben, aber für gelegentliche Studentenarbeit oder Studentenbeschäftigung aussichtslose Sache. Ich gab an, Elektriker, jawohl, gelernter Elektriker zu sein. Da ging denen ein Licht auf, man gab mir einen Installationsmeister an. Ich bin gespannt: der kriegt Froschaugen. Bestimmt nicht übel.

Aber meine Pfeifen schmecken nicht mehr. Ich rauche sie nur noch in Raten, das ist äußerst unterhaltsam, wenigstens das Raten, was ich rauche: Seegras oder ägyptischen Hafer, ich meine den aus der Pharaonenzeit – wie weit doch die Gedanken reichen! Zum Kotzen, schrieb der H. –

manchmal hat er ja Recht, das muss er ja auch, so kurz vor seinem juristischen Examen! ...

Hallo, Sie da, Herr Obergedanke, kennen Sie mich nicht mehr – das Schwein?

... Kann man nur bemerken: Homo novus! Was diese Menschen sich einbilden! – Bin heute miserabel dran: wenig geschlafen, Kälte in Haus und Hof, nix zu essen, kein Bier, kein Temperament, streng bürgerliche Kommilitonen, an die Kommilitoninnen darf ich nicht denken, geschweige sie ansehen.

Oh weh!

Die Nachtruhe steht vor der Tür, stünde doch wer anders da!

Denk nicht daran, du machst dich tot! Aber schön wäre es doch, nicht wahr, Heinz?!

<u>Deutung</u>
- ➢ Im Gesamttagebuchtextzusammenhang handelt es sich bei dem fett Geschriebenen sicherlich um eine innere Stimme, um eine Stimme aus dem Unbewussten.

Dass ich zum Präp. I-Kurs

> *Zum Präparier-Kurs I*

zugelassen bin, erfuhr ich gestern. Das ermöglicht zumindest den normalen Gang der Studien, zwingt mich aber, Präp.-Besteck zu kaufen, was mich vollends bankrott machen wird.

Gestern schrieb auch der liebe H.. Wie ich mich gefreut habe!! Musste ihm dringend antworten, hatte dazu schönes Papier. Hoffentlich beleidigt ihn das nicht.

> *Ich erinnere mich, dass ich damals des Öfteren in Ermangelung eines anderen Papiers auf Servietten und vielleicht auch auf Toilettenpapier schrieb.*

Die Arbeitssuche blieb bisher erfolglos. Vom Studentenverein hatte ich eine Adresse für Schülerbeaufsichtigung erhalten. Leider war alles besetzt. Ein eventuelles Eingestelltwerden im Schülerheim für nach Weihnachten in Aussicht gestellt. Na ja!
Dann fuhr ich schnell zum Arbeitsamt. Wo das lag! Jedenfalls entsprechend seiner Bedeutung. Da ging mir ein Licht auf: in Homburg werden nur Kuhhirten gesucht – vielleicht etwas übertrieben, aber für gelegentliche Studentenarbeit oder Studentenbeschäftigung aussichtslose Sa-

che. Ich gab an, Elektriker, jawohl, gelernter Elektriker zu sein. Da ging denen ein Licht auf, man gab mir einen Installationsmeister an. Ich bin gespannt: der kriegt Froschaugen. Bestimmt nicht übel.

Aber meine Pfeifen schmecken nicht mehr. Ich rauche sie nur noch in Raten, das ist äußerst unterhaltsam, wenigstens das Raten, was ich rauche: Seegras oder ägyptischen Hafer, ich meine den aus der Pharaonenzeit – wie weit doch die Gedanken reichen! Zum Kotzen, schrieb der H. – manchmal hat er ja Recht, das muss er ja auch, so kurz vor seinem juristischen Examen! …

Hallo, Sie da, Herr Obergedanke,

> *Gemeint ist damit sicherlich der Gedanke, den ich gerade mithilfe meines Tagesbewusstseins äußerte. – „Ober…" (in Zusammensetzungen) hat im Wörterbuch der deutschen Sprache von Bertelsmann an erster Stelle die Bedeutung von „oben befindlich" und an zweiter Stelle von „im Rang höher stehend (als die übrigen)".*

kennen Sie mich nicht mehr – das Schwein?

> *Nämlich das „Schwein" in meinem Ta-*
> *gebucheintrag vom 12. November*
> *1959. – „Tiere verkörpern im Traum*
> *die Naturseite des Menschen. Sie ver-*
> *treten gleichsam die Instinkte und Ah-*
> *nungen ..." (Günter Harnisch)*

... Kann man nur bemerken: Homo novus!

> *„Homo novus" ist Latein und bedeutet*
> *„Neuer Mensch". Im Textzusammen-*
> *hang zu werten als meine zu dieser Zeit*
> *abfällige Beurteilung der Juristen.*

Was diese Menschen sich einbilden! – Bin heute miserabel dran: wenig geschlafen, Kälte in Haus und Hof, nix zu essen, kein Bier, kein Temperament, streng bürgerliche Kommilitonen, an die Kommilitoninnen darf ich nicht denken, geschweige sie ansehen.

Oh weh!

Die Nachtruhe steht vor der Tür, stünde doch wer anders da!

> *Nämlich G., meine Freundin, die sich*
> *von mir trennte.*

Denk nicht daran, du machst dich tot! Aber schön wäre es doch, nicht wahr, Heinz?!

Ein plötzlicher Entschluss, Geldsorgen, ein Brief aus Bonn in altem Stil. Die Fahrt war gut, hatte franz. Super getankt mit 92 Oktan zu 52 Pfg.: das ist ein Spottpreis. In Bonn rausgeschmissen wie ein Handelsvertreter: das war nicht so ungewöhnlich, bin mittlerweile hart im Nehmen geworden, habe Angst um ein Leben bekommen, das, wie ich jetzt mittlerweile glaube, echt ist und nur das äußert, was unverfälscht sein Bedürfnis ist. Ich werde viel mehr Zeit haben müssen für sie, viel mehr offene, gemeinsame Liebe, die allmählich die extremen Verhältnisse, das Leben im Paternoster, abschaffen wird. Ein liebes Kleines, das sich in der Welt nicht zurechtfindet, zumindest nicht mit ihren Gefühlen. Ich schlage ehrlich reumütig meine Brust nach der christlichen Gepflogenheit mea culpa usw. Wie unvergleichlich schmutzig ich für sie sein muss.
Ich arbeite jetzt zuhause. Heute tapezierte ich unser zweites Wohnzimmer, morgen bis Montag kommen andere Arbeiten im Haus. Schade, dass ich in dieser Zeit nichts für mein Studium tun kann, vor Müdigkeit kaum im Stande bin zu denken, nicht zu sprechen von einer Fortsetzung meiner persönlichen Interessen, was Schauspiel und Philosophie angeht. Fürs Tagebuch, das ja (wie schön) ich selbst bin, ist das dämliche Ge-

schwätz, was ich jetzt produziere, zu verantworten. Tausend Worte um Nichts, tausend Worte der stillen Sehnsucht nach Erfolg.
Heute Abend war ich beim H.. Erzählt von Homburg, elektrischen Schaltungen und der Bühnengestaltung im neuen Theater (gestreift). Der Achtstundenschlaf ist in den letzten Tagen wieder erheblich in Rückstand geraten. Werde das nachholen müssen. Ein Nachtlied:

Schleier aus rollendem Nebel
jagen die Zeit, die Sekunden
Schleier aus Tag und aus Nacht
haben sich verkauft am Morgen;
die leeren Taschen des Händlers
öden die Welt an
aus dem Gesang der Vögel
den kalten Augen der Schlangen
trieft eine endlose Reihe
gemusster Soldaten der Ebene.

Aufgliederung des Textes und Deutung

Ein plötzlicher Entschluss, Geldsorgen, ein Brief aus Bonn im alten Stil. Die Fahrt war gut, hatte franz. Super getankt mit 92 Oktan zu 52 Pfg. Das ist ein Spottpreis.

In Bonn rausgeschmissen wie ein Handelsvertreter.

> ➤ G. besucht, die in Bonn an der pädago-
> gischen Akademie studierte. „Rausge-
> schmissen" ist falsch. Ich wurde an der
> Wohnungstür abgefertigt, weil sie sich
> wohl gerade bei einem Bekannten auf-
> hielt oder einen Bekannten in ihrer
> Wohnung hatte. Genau weiß ich das
> nicht mehr.

Das war nicht so ungewöhnlich, bin mittlerweile hart im Nehmen geworden. Habe Angst um ein Leben bekommen, das, wie ich jetzt mittlerweile glaube, echt ist und nur das äußert, was unverfälscht sein Bedürfnis ist.

> ➤ Gemeint ist das Leben von G.

Ich werde viel mehr Zeit haben müssen für sie, viel mehr offene, gemeinsame Liebe, die allmählich die extremen Verhältnisse, das Leben im Paternoster, abschaffen wird.

> ➤ Mit Paternoster ist der Aufzug gemeint,
> welcher ohne Fahrtunterbrechung auf
> der einen Seite hinauf und auf der an-
> deren Seite hinunter fährt.

Ein liebes Kleines, das sich in der Welt nicht zurechtfindet, zumindest nicht mit ihren Gefühlen.

Ich schlage ehrlich reumütig meine Brust nach der christlichen Gepflogenheit: „mea culpa" usw. Wie unvergleichlich schmutzig ich für sie sein muss!

Ich arbeite jetzt zu Hause. Heute tapezierte ich unser zweites Wohnzimmer, morgen bis Montag kommen andere Arbeiten im Haus. Schade, dass ich in dieser Zeit nichts für mein Studium tun kann, vor Müdigkeit kaum imstande bin zu denken, nicht zu sprechen von einer Fortsetzung meiner persönlichen Interessen,

> *Besser: … von einer Verfolgung meiner persönlichen Interessen.*

was Schauspiel und Philosophie angeht. Fürs Tagebuch, das ja …

Wie schön!

> *Wohl inspiriert.*

… ich selbst bin, ist das dämliche Geschwätz, was ich jetzt produziere, zu verantworten. Tausend Worte um Nichts, tausend Worte der stillen Sehnsucht nach Erfolg.

Heute Abend war ich beim H.

> *H. war mein Freund, den ich vom Tagesgymnasium her kannte.*

Erzählt von Homburg, elektrischen Schaltungen und der Bühnengestaltung im neuen Theater (gestreift).

Der Acht-Stunden-Schlaf ist in den letzten Tagen wieder erheblich in Rückstand geraten. Werde das nachholen müssen. – Ein Nachtlied:

> *Das Nachtlied ist inspiriert. – „Die Nacht stellt im Traum den gesamten Bereich des Unbewussten dar, der im Dunkeln liegt." (Günter Harnisch). – „Ich kann ein Lied davon singen" bedeutet nach dem Lexikon der sprichwörtlichen Redensarten „ich kann davon aus eigener (schlimmer) Erfahrung berichten".*

Schleier aus rollendem Nebel

> *„Das Bild des Schleiers im Traum symbolisiert ein Geheimnis, dessen Art unterschiedlich sein kann. Das Geheimnis der Sexualität wird bei fast allen Völkern durch den Schleier der Braut dargestellt ..." (Günther Harnisch). – Nach dem Wörterbuch der deutschen Sprache von Bertelsmann (Wö. d. dt. Spr. v. Be.)*

320

hat „rollen" unter anderem die Bedeutung von „sich um die eigene Achse drehend auf einer Fläche bewegen, fortbewegen". – „Wie der Nebel in der Wirklichkeit genaues Erkennen und Orientierung verhindert, so gilt er auch in der Traumsprache als Symbol für Ungewissheit, Zweifel, Unsicherheit und Sinnestäuschung." (Günter Harnisch)
jagen die Zeit, die Sekunden.

> ➤ In meinen inspirierten Tagebuchtexten symbolisieren „Sekunden" meist den kurzen Augenblick des sexuellen Höhepunkts.

Schleier aus Tag und aus Nacht

> ➤ „Verschieden wie Tag und Nacht" bedeutet nach dem Lexikon der sprichwörtlichen Redensarten „völlig verschieden, diametral entgegengesetzt".

haben sich verkauft am Morgen;

> ➤ „Sich verkaufen" hat im Wö. d. dt. Spr. v. Be. an erster Stelle die Bedeutung von „verkauft werden können".

die leeren Taschen des Händlers

➤ Gemeint sind mit „Taschen" sicherlich die Nebenhoden, in welchen die Samenzellen bis zur Ejakulation gespeichert werden.

öden die Welt an.
Aus dem Gesang der Vögel,

➤ „Im Traum symbolisieren Vögel meist geistige Inhalte des Unbewussten. Gelegentlich stellen sie auch die im Volksmund bekannte erotische Nebenbedeutung dar." (Günther Harnisch)

den kalten Augen der Schlangen

➤ „Die Bedeutung der Schlange lässt sich nur aus dem gesamten Traumzusammenhang erkennen. Sie kann die instinkthafte Triebnatur des Träumenden verkörpern. Vor allem in den Träumen junger Menschen hat sie häufig sexuelle Bedeutung ..." (Günther Harnisch)

trieft eine endlose Reihe
gemusster Soldaten der Ebene.

➤ Nämlich schicksalsbedingt, zum Beispiel durch eine bestehende Wehrpflicht. – Im Wö. d. dt. Spr. v. Be. hat „müssen" (als Modalverb mit Verben) an erster

Stelle die Bedeutung von „gezwungen, verpflichtet sein (etwas zu tun), unbedingt zu geschehen haben".– Zu Soldat schreibt Günter Harnisch: „Dieses Traumsymbol hat zwei Seiten: Einmal verweist es auf Gemeinschaftsgefühl und Kameradschaft. Zum anderen deutet es aber oft auch auf Geltungsstreben und den Drang nach Selbstbestätigung, auf Abenteuerlust und unreife Männlichkeit hin." – Mit „Ebene" ist im Textzusammenhang sicherlich unsere irdische Ebene gemeint.

Quellenverzeichnis

Ernst Aeppli: Der Traum und seine Deutung. Eugen Rentsch Verlag, Zürich 1943
Heinrich Elijah Benedikt: Die Kabbala. Verlag Hermann Bauer, Freiburg im Breisgau 2001
Bertelsmann: Wörterbuch der deutschen Sprache. Wissen Media Verlag GmbH (vormals Bertelsmann Lexikon Verlag GmbH), Gütersloh/München 2004
Dr. Friedrich W. Doucet: Das große Buch der Traumdeutung. Verlag Kremayr u. Scheriau, Wien 1978
Duden: Das Synonymwörterbuch. Dudenverlag, Mannheim/Zürich 2010
Duden: Die deutsche Rechtschreibung. Dudenverlag, Berlin/Mannheim/Zürich 2013
Georg Fink: Traumdeutung. Falken Verlag GmbH, Niedernhausen/Ts 1996
Günter Harnisch: Das große Traumlexikon. Herder Verlag, Freiburg im Breisgau 1989/1996
Pschyrembel: Klinisches Wörterbuch, 258. Aufl.
Redensarten-Index: Lexikon für Redewendungen, Redensarten, deutsche Sprichwörter
Lutz Röhrich: Lexikon der sprichwörtlichen Redensarten. Verlag Herder, Freiburg im Breisgau 2003
Thesaurus: Synonyme
Der Traumdeuter.ch (Internet)

Wahrig: Fremdwörterlexikon. Wissen Media Verlag GmbH, Gütersloh/München 2007
Wikipedia, die freie Enzyklopädie
Woxikon: Online Synonym-Wörterbuch